✏ 書き込み式

音声
DL付

いちばんカンタン！

ひらがなで覚える

ハングル
ノート

金孝珍 監修

JN048531

朝日新聞出版

はじめに

本書は、初めて韓国語を学ぶ方や、ハングルの読み書きができるようになりたいという方が、楽しく学習できることを願って作られました。本書の一番の特長は、日本語の五十音にハングルを当てはめながら、文字の形やしくみを学べることです。ハングルをひらがなやローマ字で表して説明しているので、わかりやすく、親しみを持って学習を進めることができます。なぞり書きのスペースもたっぷりありますので、たくさん書きながらハングルの形やしくみに慣れていきましょう。

Part1、2でひらがなを表すハングルをマスターした後は、Part3で残りのハングルの文字や発音のルールを学び、Part4では韓国ドラマのタイトルやK-POPの用語などをなぞり書きします。この頃には、きっとハングルが文字として理解できるようになっているでしょう。そして、Part5では単語を入れ替えて使える便利なフレーズも学びます。ネイティブの発音が聞ける音声データもダウンロードできますので、積極的に活用してみましょう。

ハングルの読み書きをマスターすることで、韓国文化への理解が一層深まるはずです。本書を通して、みなさんが韓国をより身近に感じ、世界が広がるきっかけになることを願っております。

監修　金孝珍

ハングルの読み書きができると こんなことができる！

でき
る！
1

韓国ドラマの 台詞が聞き取れる！

ハングルの読み書きをマスターすれば、単語やフレーズも覚えやすくなります。台詞が聞き取れると、より感情移入しながらドラマを楽しむことができます。

チョアヨ！
いいね！

でき
る！
2

大好きなK-POPが 歌える！

名曲だらけのK-POPは、歌詞の意味を理解して歌えるようになると、改めて曲の素晴らしさに気づくことはもちろん、韓国語の勉強にもとっても役立ちます。

テバク！
すごい！

でき
る！
3

推し活が 100倍充実する！

大好きな推しが話していることがわかったり、公式SNSの情報が理解できるようになったりすると、推し活のモチベーションもぐっとアップします。

ファイト！
フゥイティン！

でき
る！
4

パッケージや看板の 文字が読める！

韓国の食品やコスメのパッケージ、お店の看板なども、ハングルの読み書きさえできれば、単語の意味がわからなくても自分で調べることが出来るようになります。

よくできました！
チャレッソヨ！

でき
る！
5

韓国旅行で 会話ができる！

飲食店での注文や、ショッピング、タクシーの乗り降りで、覚えた単語やフレーズが使えると、旅行がますます充実します。次の旅行に向けて練習しておきましょう。

アッサ！
やった！

さあ、みんなもハングルをマスターしてエンタメや旅行を楽しもう！

Contents

Part 4　すぐに使える韓国語の単語を書いてみよう

Part 5　旅行やエンタメで使えるフレーズを書いてみよう

本書の使い方

本書は、初めて韓国語に触れる人でもわかりやすいように、ひらがなをハングルで書いて
学習していきます。かわいいキャラクターと一緒に楽しく学んでいきましょう。

文字の書き表し方
子音と母音のパーツに分けて表しています。ローマ字はハングルの音を表しています。

なぞり書き練習
見本の書き順を確認しながらハングルをなぞり書きしてみましょう。

学んだ母音と子音
学習する文字は色字に、すでに習った文字は黒字にしています。

単語練習
習った文字を使った単語をなぞり書きしてみましょう。

チャットルーム
学習のつまずきポイントをチャット形式で解説しています。

おさらい1分ドリル
ローマ字のヒントを参考に単語を書いてみましょう。

登場キャラクター

ペンソンセン
韓国語ネイティブのペンギンの先生。ソンセンは「先生」という意味。

ミカりん
K-POPが大好きなイマドキの女の子。韓国語は初心者。犬の友達チョンイといつも一緒。

Part1　まずはハングルで「あいうえお」を書いてみよう
ハングルの文字のしくみと、ひらがな五十音を表すハングルの母音、ひらがなの「あ行」の書き表し方などを学習します。ハングルの形や書き方に慣れていきましょう。

Part2　ハングルでひらがな五十音を書いてみよう
ハングルでひらがなの「か行」〜「わ行」、濁音や拗音を書きながら、ハングルの母音や子音を学習します。文字の形や組み合わせのパターンをマスターしましょう。

Part3　ひらがなにはない韓国語を書いてみよう
韓国語の母音と子音、パッチム、発音のルールなどを学習します。Part1〜2で学習した内容を踏まえつつ、ハングルの基礎を押さえましょう。

Part4　すぐに使える韓国語の単語を書いてみよう
韓国語の単語をたくさんなぞり書きしながら学習します。エンタメ用語や身の回りの物の名前、地名、あいさつフレーズなど、発音にも注意しながら書いてみましょう。

Part5　旅行やエンタメで使えるフレーズを書いてみよう
韓国語の特徴や、そのまま使える便利な文法フレーズを学習します。覚えたフレーズは単語を入れ替えながら、繰り返し書いたり読んだりしてみましょう。

●ご確認ください
- アルファベットはハングルのローマ字表記法に従って表記しています。Part1〜2のひらがな表記では大文字、Part3の韓国語表記では小文字にし、区別しています。
- Part1〜2で紹介している単語は、日本語の発音をそのままハングルで表したものです。
- カタカナのルビ表記はあくまでも参考です。付録の音声を聞きながら、正しい発音を身につけましょう。

●音声のダウンロードについて
各ページのアイコンは音声のトラック番号を表しています。音声ファイルは下記、朝日新聞出版社ウェブサイトの書籍紹介ページから再生・ダウンロードが可能です（収録：61分）。

※音声ファイルはMP3ファイルです。パソコンや対応の再生ソフトでご利用ください。ご使用の機器やインターネットの環境等により、ダウンロードや再生ができない場合があります。

https://publications.asahi.com/ecs/detail/?item_id=23138

※音声ファイルのダウンロードサービスは予告なく変更、終了する可能性があります。あらかじめご了承ください。

Part 1

まずはハングルで「あいうえお」を書いてみよう

ハングルの文字のしくみや、ひらがな五十音を表す
母音の書き表し方を学習します。

ひらがなは**ハングルで表すことができる**んです！

ハングルの文字がどのように成り立っているのかを学びましょう。

Point!

ハングルはローマ字と同じしくみって知ってた？

「ハングル」は韓国語で使われる文字の名前です。一見すると記号のような文字ですが、実はローマ字のように「**子音**」と「**母音**」を組み合わせて一つの文字ができています。

たとえば…

「かさ（傘）」をローマ字にすると

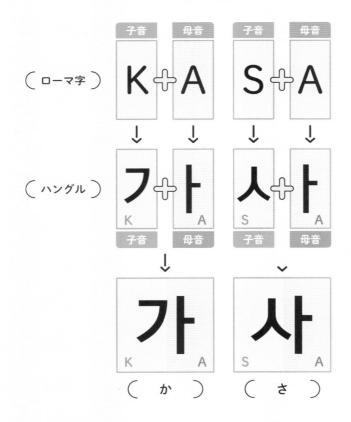

子音	母音		子音	母音

（ ローマ字 ）　K＋A　S＋A

（ ハングル ）　ㄱ＋ㅏ　ㅅ＋ㅏ
K　A　S　A

子音	母音		子音	母音

가　사
K　A　S　A

（　か　）（　さ　）

ハングルも
ローマ字と同じように
子音と母音の組み合わせ
になってるよ！

つまり…!!

ハングルの
子音と母音を覚えれば
ひらがなの50音を
カンタンに表すことが
できちゃうんです！

대박っ!
テバク！
すごい！

	A	I	U	E	O		無	K/G	S	T/D	N	H	M	R
母音	ト	ㅣ	ㅜ	ㅡ	ㅔ	ㅗ	子音	ㅇ	ㄱ	ㅅ	ㄷ	ㄴ	ㅎ	ㅁ	ㄹ
	YA	YU	YO	WA				B/P	CH	P	CH	K	T	SS
	ㅑ	ㅠ	ㅛ	ㅘ				ㅂ	ㅈ	ㅍ	ㅊ	ㅋ	ㅌ	ㅆ

これまでに学んだ母音と子音だよ

✏️レッスン日

／　（　　）

Point!

子音を入れ替えると「あかさたな」になるよ！

先ほどの「かさ」の例を見て気づいたかもしれませんが、「가（か）」も「사（さ）」も母音「ㅏ（A)」は同じ形です。つまり、ハングルは子音を入れ替えるだけで、同じ母音の文字を表すことができるんです。実際に母音の「ㅏ（A)」を例に見てみましょう。

実際に書いてみよう！

👉子音はこんな形

あ -	か K	さ S	た T	な N	は H	ま M	ら R
ㅇ	ㄱ	ㅅ	ㄷ	ㄴ	ㅎ	ㅁ	ㄹ

＋

👉母音の「A」はこんな形

A
ㅏ

「や行」と「わ」はあとで勉強するよ！

（　あ　）　（　か　）　（　さ　）　（　た　）　（　な　）　（　は　）

（　ま　）　（　ら　）

ペンソンセン と ミカりん の Chat Room

先生！　ハングルのしくみを知ったら棒や丸もだんだん文字に見えてきたよ！

お、すごいね！　ハングルもひらがなと同じように書き順があるよ。正しく書けるように練習しようね！

はい！　早く書けるようになりたいな♪

Part 1-2 まずは**ひらがなを表す**
5つの母音を覚えよう！

ハングルの母音「ㅏ」「ㅣ」「ㅜ」「ㅔ」「ㅗ」を書いてみましょう。

Point!

ひらがなの母音は**5つの形**を覚えるだけ！

本格的にハングルを学習する前に、まずはひらがなの**母音**「A」「I」「U」「E」「O」を表す5つの**母音**の形を覚えましょう。この5つの形を覚えれば、**子音**を入れ替えるだけでひらがなの五十音が表せるようになります。何度も書いて練習してみましょう。

👆**母音「A／I／U／E／O」**はこんな形

A	I	U	E	O
ㅏ	ㅣ	ㅜ	ㅔ	ㅗ

「A」「I」「E」は
子音の右に、
「U」「O」は
子音の下に並ぶよ！

 実際に書いてみよう！

タテ棒の右側に
短いヨコ棒を
書くのね！

あ か さ た な は ま ら
아 가 사 다 나 하 마 라

「ち」は「た」と
違う子音だよ！

い き し ち に ひ み り
이 기 시 지 니 히 미 리

これまでに学んだ母音と子音だよ

母音	A	I	U	EU	E	O
	ㅏ	ㅣ	ㅜ	ㅡ	ㅔ	ㅗ
	YA	YU	YO	WA		
	ㅑ	ㅠ	ㅛ	ㅘ		

子音	無	K/G	S	T/D	N	H	M	R
	ㅇ	ㄱ	ㅅ	ㄷ	ㄴ	ㅎ	ㅁ	ㄹ
	B/P	CH/J	P	CH	K	T	SS	
	ㅂ	ㅈ	ㅍ	ㅊ	ㅋ	ㅌ	ㅆ	

✎ レッスン日　　／　　（　　）

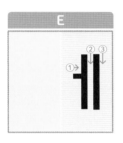

U

う　く　ぬ　ふ　む　る
우　구　누　후　무　루

「す」と「つ」は下で紹介するよ！

E

え　け　せ　て　ね　へ　め　れ
에　게　세　데　네　헤　메　레

短いヨコ棒の右側にタテ棒を2本書くよ！

O

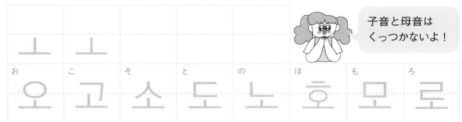

お　こ　そ　と　の　ほ　も　ろ
오　고　소　도　노　호　모　로

子音と母音はくっつかないよ！

Point!

特別な『う』も覚えておこう！

「さ／ざ行」「た／だ行」の母音「U」は「ㅡ」を使います。ローマ字では「EU」と表しています。

実際に書いてみよう！ヨコ棒を1本書くよ！

EU

す　つ
스　쓰

ペンソンセン　　ミカりん　　の Chat Room

先生、どうして母音の「う」は2種類あるの？

いい質問だね！　実はハングルでひらがなを表そうとするとぴったり当てはまる文字がなかったり実際の発音とは異なる文字があるんだ！

だから、なるべく近い音を表すために母音の「う」も2種類のハングルを使い分けているんだよ！

なるほど！　ひらがなと完璧に同じ音を表すのはむずかしいんだね！覚えておこうっと♪

Part 1-3　さあ、ハングルで「あいうえお」を書いてみよう！

まずは五十音の最初の「あ行」からハングルで書いてみましょう。

「あいうえお」の子音と母音を覚えよう！

「あ行」は音のない子音「ㅇ」と、母音を組み合わせて書き表すことができます。たとえば、「あ」は無音の子音「ㅇ」とＡの母音「ㅏ」を組み合わせて「아（Ａ）」と書きます。

☜「あ行」の子音 ✛ 組み合わせる母音

無		A	I	U	E	O
ㅇ	✛	ㅏ	ㅣ	ㅜ	ㅔ	ㅗ

実際に書いてみよう！

（　あ　）

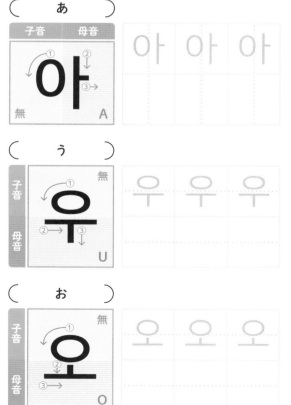

（　い　）

（　う　）

（　え　）

（　お　）

「ㅇ」は音のない子音だから「無」と表記してるよ！

12

母音	A	I	U	EU	E	O
	ㅏ	ㅣ	ㅜ	ㅡ	ㅔ	ㅗ
	YA	YU	YO	WA		
	ㅑ	ㅠ	ㅛ	ㅘ		

子音	無	K/G	S	T/D	N	H	M	R
	ㅇ	ㄱ	ㅅ	ㄷ	ㄴ	ㅎ	ㅁ	ㄹ
	B/P	CH/J	P	CH	K	T	SS	
	ㅂ	ㅈ	ㅍ	ㅊ	ㅋ	ㅌ	ㅆ	

これまでに
学んだ
母音と子音
だよ

🖊 レッスン日

／ （ ）

単語を書いてみよう！

※単語例は日本語の発音をそのままハングルで表したもので、実際の韓国語の単語ではありません。

愛 （ あ い ） 아이 無A 無I 아 이 아 이

家 （ い え ） 이에 無I 無E 이 에 이 에

上 （ う え ） 우에 無U 無E 우 에 우 에

青い （ あ お い ） 아오이 無A O 無I 아 오 이

エイ （ え い ） 에이 無E 無I 에 이 에 이

言う （ い う ） 이우 無I U 이 우 이 우

おさらい**1分**ドリル

練習したハングルをおさらいしよう。

① 青
（ あ お ）

A O

② 会う
（ あ う ）

A U

③ 甥
（ お い ）

O I

이ㅎ ③ 우ㅇ ② 이ㅎ아 ① 초答

「あ行」以外の
「か行」から「ん」までを書いてみよう！

Tr.
04

ハングルにはどんな文字があるのか、ここではざっくり形を見てみましょう。

Point!

ハングルは濁音や小さい『っ』も表せるんです！

ハングルは「あかさたなはまやらわ」の五十音のほかにも、「ば」や「ぱ」のような濁音と半濁音、小さい「っ」のような促音なども表すことができます。それぞれどんなハングルが使われているのか、まずはなぞり書きをしながら文字の形に慣れていきましょう。

五十音を表す子音や特別な形の文字は「もっとくわしく！」のページで紹介するよ！

ひらがなをハングルで表すとこんなふうになるんだね！

実際に書いてみよう！

| か行 | ★もっとくわしく！ →P20 |

歌詞 **가 시** K A S I　가 시

| さ行 | ★もっとくわしく！ →P22 |

（ い　　し ）
石 **이 시** 無 I S I　이 시

| た行 | ★もっとくわしく！ →P24 |

（ た　　な ）
棚 **다 나** T A N A　다 나

| な行 | ★もっとくわしく！ →P26 |

（ す　　な ）
砂 **스 나** S EU N A　스 나

| は行 | ★もっとくわしく！ →P28 |

（ は　　し ）
箸 **하 시** H A S I　하 시

| ま行 | ★もっとくわしく！ →P30 |

（ ま　　め ）
豆 **마 메** M A M E　마 메

これまでに
学んだ
母音と子音
だよ

	A	I	U	E	O
母音	ㅏ	ㅣ	ㅜ	ㅡ	ㅔ	ㅗ
	YA	YU	YO	WA		
	ㅑ		ㅠ	ㅛ	ㅘ	

子音	無	K/G	S	T/D	N	H	M	R
	ㅇ	ㄱ	ㅅ	ㄷ	ㄴ	ㅎ	ㅁ	ㄹ
	B/P	CH/J	P	CH	K	T	SS	
	ㅂ	ㅈ	ㅍ	ㅊ	ㅋ	ㅌ	ㅆ	

✏レッスン日

／　（　）

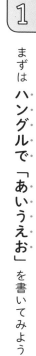

や行　★もっとくわしく！→P34

（ こ　　や ）

小屋　고야　고 야

ら行　★もっとくわしく！→P32

（ る　　す ）

留守　루스　루 스

わ　★もっとくわしく！→P34

（ に　　わ ）

庭　니와　니 와

ん　★もっとくわしく！→P52

（ れ　　もん ）

レモン　레몬　레 몬

濁音　★もっとくわしく！→P40

（ き　　じ ）

記事　기지　기 지

濁音　★もっとくわしく！→P42

（ そ　　ば ）

蕎麦　소바　소 바

半濁音　★もっとくわしく！→P44

（ ぱ　　す ）

パス　파스　파 스

半濁音　★もっとくわしく！→P44

（ ぷ　　ろ ）

プロ　푸로　푸 로

拗音　★もっとくわしく！→P50

（ い　　しゃ ）

医者　이샤　이 샤

促音　★もっとくわしく！→P52

（ はっ　　ぱ ）

葉っぱ　핫파　핫 파

長音　★もっとくわしく！→P52

（ か　　れ ）

カレー　가레　가 레

のばし音は表さないから
「カレー」は「カレ」って
書くんだね♪

15

ハングルで書いてみよう①

これから学習するハングルをなぞり書きして形に慣れてみましょう。

 ハングルで**野菜の名前**を書いてみよう！

※単語例は日本語の発音をそのままハングルで表したもので実際の韓国語の単語ではありません。

ナス	（ な す ） 나 스
キノコ	（ き の こ ） 기 노 코
ニンジン	（ にん じん ） 닌 진
キャベツ	（ きゃ べ っ ） 갸 베 쓰
レタス	（ れ た す ） 레 타 스
イモ	（ い も ） 이 모
ニラ	（ に ら ） 니 라

ハングルで **くだもの** の名前を書いてみよう！

イチゴ	（ い ち ご ） 이 치 고 無 I CH I G O	이 치 고	
リンゴ	（ り ん ご ） 린 고 R N I G O	린 고	
ミカン	（ み かん ） 미 칸 M I K A	미 칸	
モモ	（ も も ） 모 모 M O M O	모 모	
スイカ	（ す い か ） 스 이 카 S EU 無 I K A	스 이 카	
メロン	（ め ろん ） 메 론 M E R O N	메 론	
バナナ	（ ば な な ） 바 나 나 B A N A N A	바 나 나	
梨	（ な し ） 나 시 N A S I	나 시	
ライム	（ ら い む ） 라 이 무 R A 無 I M U	라 이 무	

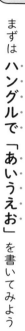

Part **1**

まずは **ハングルで** 「**あいうえお**」を書いてみよう

좋아요 チョアヨ
ハングル

ハングルってどんな文字？

韓国語を表す文字の「ハングル」がどのようにして誕生したのか、その歴史や文字の成り立ちについて紹介します。

ハングル誕生の歴史を学ぼう！

ハングルは韓国語を表す文字ですが、韓国や北朝鮮では15世紀まで漢字が使われていました。しかし、漢字を習ったり読み書きできるのは、一部の貴族や役人に限られていたため、誰もが読み書きできるわけではありませんでした。そこで、朝鮮王朝第四代王の世宗大王が学者たちを集めて、一般の人でも使うことができる文字「訓民正音」を作りました。その文字が現在「ハングル」と呼ばれ、「偉大なる文字」という意味があります。

世宗大王は韓国の1万ウォン札の肖像画にもなっています。

「訓民正音」の公布日とされる10月9日は韓国で「ハングルの日」に制定されているよ！

ハングルの母音は「天・地・人」を表している！

ハングルの母音は、天「・」、地「ー」、人「｜」を表す3つの要素から成り立っています。例えば、人「｜」の右側に天「・」があると「ㅏ」という母音になります。このように、3つの要素を組み合わせて10種類の基本母音（→P64）が作られています。

スマートフォンのキーボードには母音を「天・地・人」の要素で表したものがあるよ！P84をチェックしてね♪

●人「｜」の右側に天「・」があると「ㅏ」

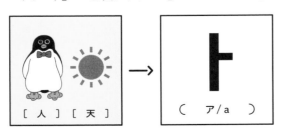

●地「ー」の上に天「・」があると「ㅗ」

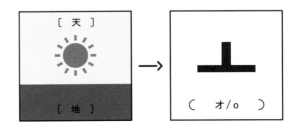

Part 2

ハングルで
ひらがな五十音を
書いてみよう

ひらがな五十音の書き表し方を学習します。
少しずつマスターしていきましょう。

Part 2-1 ハングルで 「かきくけこ」を書いてみよう！

子音「ㄱ」を使って「かきくけこ」のハングルを書く練習をしましょう。

Point! 「かきくけこ」の子音と母音を覚えよう！

「か行」はKの音を表す子音「ㄱ」と、母音を組み合わせて書き表すことができます。たとえば「か」はKの子音「ㄱ」とAの母音「ㅏ」を組み合わせて「가（KA）」と書きます。

👆「か行」の子音 ＋ 組み合わせる母音

K
ㄱ

＋

A	I	U	E	O
ㅏ	ㅣ	ㅜ	ㅔ	ㅗ

実際に書いてみよう！

(か)

子音	母音

가 K A

가　가　가

(き)

子音	母音

기 K I

기　기　기

(く)

子音 / 母音

구 K U

구　구　구

(け)

子音	母音

계 K E

계　계　계

(こ)

子音 / 母音

고 K O

고　고　고

母音と子音が左右に並ぶときはカタカナの「フ」みたいに書くよ！

単語を書いてみよう！

※単語例は日本語の発音をそのままハングルで表したもので、実際の韓国語の単語ではありません。

貝　가이　（か　い）

顔　가오　（か　お）

杭　구이　（く　い）

ケア　게아　（け　あ）

恋　고이　（こ　い）

声　고에　（こ　え）

おさらい1分ドリル

練習したハングルをおさらいしよう。

① 買う
（か　う）
KA　U

② 気合い
（き　あ　い）
KI　A　I

③ 故意
（こ　い）
KO　I

答え ① 가우　② 기아이　③ 고이

21

Part 2-2 ハングルで 「さしすせそ」を書いてみよう！

子音「ㅅ」を使って「さしすせそ」のハングルを書く練習をしましょう。

Point! 「さしすせそ」の子音と母音を覚えよう！

「さ行」はSの音を表す子音「ㅅ」と、母音を組み合わせて書き表すことができます。たとえば「さ」はSの子音「ㅅ」とAの母音「ㅏ」を組み合わせて「사（SA）」と書きます。

👆「さ行」の子音 ✛ 組み合わせる母音

S		A	I	EU	E	O
ㅅ	✛	ㅏ	ㅣ	ㅡ	ㅔ	ㅗ

 実際に書いてみよう！

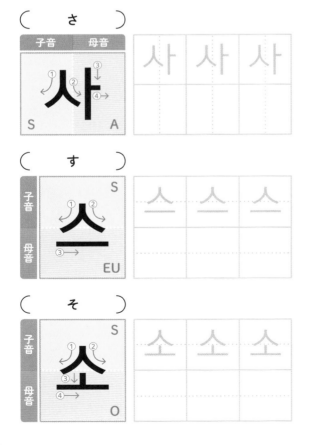

（ さ ）

（ し ）

（ す ）

（ せ ）

（ そ ）

「す」の母音は特別な形の「ㅡ」を使うから注意してね！

これまでに学んだ母音と子音だよ

		A	I	U	EU	E	O	
母音		ㅏ	ㅣ	ㅜ	ㅡ	ㅔ	ㅗ	
		YA	YU	YO	WA			
		ㅑ	ㅠ	ㅛ	ㅘ			

	無	K/G	S	T/D	N	H	M	R
子音	ㅇ	ㄱ	ㅅ	ㄷ	ㄴ	ㅎ	ㅁ	ㄹ
	B/P	CH/J	P	CH	K	T	SS	
	ㅂ	ㅈ	ㅍ	ㅊ	ㅋ	ㅌ	ㅆ	

レッスン日

／　　　（　　）

単語を書いてみよう！

※単語例は日本語の発音をそのままハングルで表したもので、実際の韓国語の単語ではありません。

朝	아사 （あ　さ） 無 A　S A
椅子	이스 （い　す） 無 I　S EU
嘘	우소 （う　そ） U 無　S O
火星	가세이 （か　せ　い） K A　S E　無 I
シソ	시소 （し　そ） S I　S O
医師	이시 （い　し） 無 I　S I

Part 2 ハングルでひらがな五十音を書いてみよう

おさらい**1**分ドリル

練習したハングルをおさらいしよう。

① 草
（く　　さ）
KU　　SA

② 寿司
（す　　し）
SEU　　SI

③ 個性
（こ　　せ　　い）
KO　　SE　　I

答え ① 구사 ② 스시 ③ 고세이

23

Part
2-3

ハングルで
「たちつてと」を書いてみよう！

3つの子音を使って「たちつてと」のハングルを書く練習をしましょう。

Point!

「たちつてと」の**子音**と**母音**を覚えよう！

「た行」はTの音を表す**子音**「ㄷ」と、**母音**を組み合わせて書き表すことができます。ただし、「ち」は「ㅈ」、「つ」は「ㅆ」の**子音**を使って表します。

👆「た行」の**子音** ✛ 組み合わせる**母音**

T
ㄷ

✛

A	I	EU	E	O
ㅏ	ㅣ	ㅡ	ㅔ	ㅗ

実際に書いてみよう！

（　　た　　）

子音	母音
① ③ ② ④ **다**	
T	A

다　다　다

（　　ち　　）

子音	母音
① ③ ② **지**	
CH	I

지　지　지

（　　つ　　）

子 音	SS
① ③ ④ ② **쓰**	
母 音	EU

쓰　쓰　쓰

（　　て　　）

子音	母音
① ④ ⑤ ② ③ **데**	
T	E

데　데　데

（　　と　　）

子 音	T
① ② ③ **도**	
母 音	O

도　도　도

「た」「て」「と」は
子音の形が
「ㄷ」で同じだよ。
ゆっくり覚えよう！

これまでに学んだ母音と子音だよ

母音	ㅏ A	ㅣ I	ㅜ U	ㅡ EU	ㅔ E	ㅗ O
	ㅑ YA	ㅠ YU	ㅛ YO	ㅘ WA		
子音	ㅇ 無	ㄱ K/G	ㅅ S	ㄷ T/D	ㄴ N	ㅎ H	ㅁ M	ㄹ R
	ㅂ B/P	ㅈ CH/J	ㅍ P	ㅊ CH	ㅋ K	ㅌ T	ㅆ SS

✎ レッスン日

／　　（　　）

単語を書いてみよう！

※単語例は日本語の発音をそのままハングルで表したもので、実際の韓国語の単語ではありません。

Part 2 ハングルで**ひらがな五十音**を書いてみよう

鯛 （ た　い ）
다 이
T A 無 I
다 이 다 이

知恵 （ ち　え ）
지 에
CH I 無 E
지 에 지 에

杖 （ っ　え ）
쓰 에
SS EU 無 E
쓰 에 쓰 에

都市 （ と　し ）
도 시
T O S I
도 시 도 시

おさらい1分ドリル

練習したハングルをおさらいしよう。

① 田植え
（ た　　　う　　　え ）

TA　　　U　　　E

② 手足
（ て　　　あ　　　し ）

TE　　　A　　　SI

ペンソンセン と ミカりん の Chat Room

先生、なんで「ち」と「つ」は「ㄷ」を使わないの？

いい質問だね！　「ㄷ」は「T」の音を表す子音だから母音「ㅣ (I)」「ㅜ (U)」と組み合わせると「디 (TI)」「두 (TU)」という音になるよ。

だから、日本語の「ち」「つ」の発音に近づけるために似た音の「ㅈ (CH)」「ㅆ (SS)」を使って表しているんだ！

そうだったんだ！　ローマ字にしてみると理解しやすくなるね。

答え ① 다우에　② 데아시

Part 2-4 ハングルで「なにぬねの」を書いてみよう！

子音「ㄴ」を使って「なにぬねの」のハングルを書く練習をしましょう。

Point!

「なにぬねの」の子音と母音を覚えよう！

「な行」はNの音を表す子音「ㄴ」と、母音を組み合わせて書き表すことができます。たとえば「な」はNの子音「ㄴ」とAの母音「ㅏ」を組み合わせて「나 (NA)」と書きます。

👆「な行」の子音 ✚ 組み合わせる母音

実際に書いてみよう！

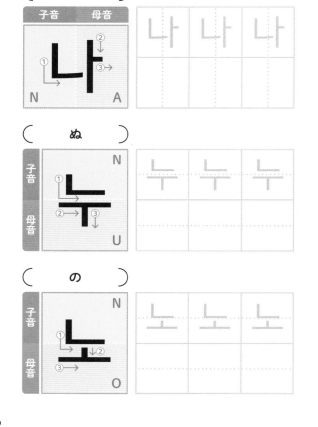

(な)

(に)

(ぬ)

(ね)

(の)

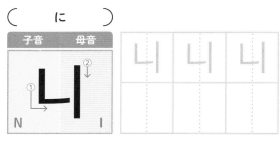

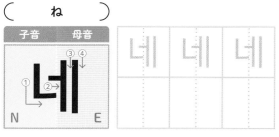

書ける文字が増えてきたね。この調子でがんばろう！

単語を書いてみよう!

※単語例は日本語の発音をそのままハングルで表したもので、実際の韓国語の単語ではありません。

Part 2　ハングルで**ひらがな五十音**を書いてみよう

練習したハングルをおさらいしよう。

① 種
（ た　　ね ）

TA　NE

② 上野
（ う　え　の ）

U　E　NO

③ 穴
（ あ　　な ）

A　NA

答え ① 다네　② 우에노　③ 아나

27

Part 2-5 ハングルで「はひふへほ」を書いてみよう！

子音「ㅎ」を使って「はひふへほ」のハングルを書く練習をしましょう。

「はひふへほ」の**子音**と**母音**を覚えよう！

「は行」はHの音を表す**子音**「ㅎ」と、**母音**を組み合わせて書き表すことができます。たとえば「は」はHの**子音**「ㅎ」とAの**母音**「ㅏ」を組み合わせて「하 (HA)」と書きます。

👆「は行」の**子音** ➕ 組み合わせる**母音**

H		A	I	U	E	O
ㅎ	➕	ㅏ	ㅣ	ㅜ	ㅔ	ㅗ

実際に書いてみよう！

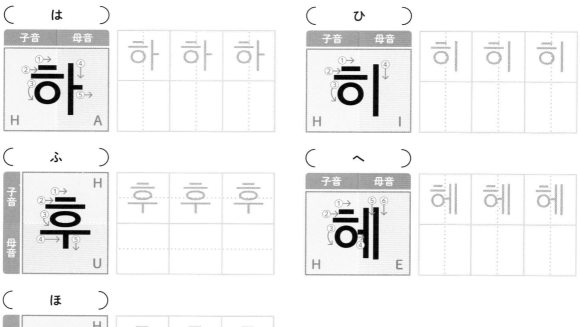

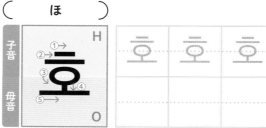

「ㅎ」は漢数字の「二」の下に丸をつけたような形だよ！

これまでに学んだ母音と子音だよ

レッスン日

／　（　　）

 単語を書いてみよう！

※単語例は日本語の発音をそのままハングルで表したもので、実際の韓国語の単語ではありません。

Part 2

ハングルで **ひらがな五十音** を書いてみよう

橋 （ は し ）　하 시

ヒナ （ ひ な ）　히 나

船 （ ふ ね ）　후 네

閉鎖 （ へ い さ ）　헤 이 사

星 （ ほ し ）　호 시

炎 （ ほ の お ）　호 노 오

 **おさらい1分ドリル**

練習したハングルをおさらいしよう。

① 花
（ は　　な ）
HA　　NA

② 寄付
（ き　　ふ ）
KI　　HU

③ 貨幣
（ か　　へ　　い ）
KA　　HE　　I

答え ①하나 ②기후 ③카헤이

ハングルで「まみむめも」を書いてみよう！

子音「ㅁ」を使って「まみむめも」のハングルを書く練習をしましょう。

Point!

「まみむめも」の子音と母音を覚えよう！

「ま行」はMの音を表す子音「ㅁ」と、母音を組み合わせて書き表すことができます。たとえば「ま」はMの子音「ㅁ」とAの母音「ㅏ」を組み合わせて「마（MA）」と書きます。

「ま行」の子音 ＋ 組み合わせる母音

M
ㅁ

＋

A	I	U	E	O
ㅏ	ㅣ	ㅜ	ㅔ	ㅗ

実際に書いてみよう！

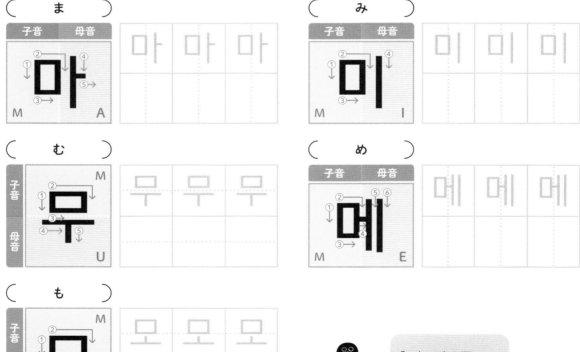

（ ま ）
子音 / 母音
마 마 마
M / A

（ み ）
子音 / 母音
미 미 미
M / I

（ む ）
子音 / 母音
무 무 무
M / U

（ め ）
子音 / 母音
메 메 메
M / E

（ も ）
子音 / 母音
모 모 모
M / O

「ㅁ」の書き順は漢字の「口（くち）」と同じだよ。

	A	I	U	EU	E	O		無	K/G	S	T/D	N	H	M	R
母音	ㅏ	ㅣ	ㅜ	ㅡ	ㅔ	ㅗ	子音	ㅇ	ㄱ	ㅅ	ㄷ	ㄴ	ㅎ	ㅁ	ㄹ
	YA	YU	YO	WA				B/P	CH/J	P	CH	K	T	SS	
	ㅑ	ㅠ	ㅛ	ㅘ				ㅂ	ㅈ	ㅍ	ㅊ	ㅋ	ㅌ	ㅆ	

これまでに学んだ母音と子音だよ

レッスン日
／　（　）

単語を書いてみよう！

※単語例は日本語の発音をそのままハングルで表したもので、実際の韓国語の単語ではありません。

米 （ こ め ）
고메
KO ME

浜 （ は ま ）
하마
HA MA

店 （ み せ ）
미세
MI SE

虫 （ む し ）
무시
MU SI

梅 （ う め ）
우메
U ME

紙 （ か み ）
가미
KA MI

Part 2
ハングルで **ひらがな五十音**を書いてみよう

おさらい**1**分ドリル

練習したハングルをおさらいしよう。

① 今
（ い ま ）

I　MA

② メモ
（ め も ）
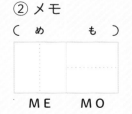
ME　MO

③ カメ
（ か め ）

KA　ME

答え ① 이마　② 메모　③ 가메

ハングルで「らりるれろ」を書いてみよう！

子音「ㄹ」を使って「らりるれろ」のハングルを書く練習をしましょう。

Point!

「らりるれろ」の子音と母音を覚えよう！

「ら行」はRの音を表す子音「ㄹ」と、母音を組み合わせて書き表すことができます。たとえば「ら」はRの子音「ㄹ」とAの母音「ㅏ」を組み合わせて「라（RA）」と書きます。

☜「ら行」の子音 ✛ 組み合わせる母音

 実際に書いてみよう！

 母音と子音が横に並ぶときは「ㄹ」を縦長に書くとバランスがとれるよ！

これまでに
学んだ
母音と子音
だよ

	A	I	U	EU	E	O
母音	ト	｜	ㅜ	ㅡ	ㅔ	ㅗ
	YA	YU	YO	WA		
	ㅑ	ㅠ	ㅛ	ㅘ		

	無	K/G	S	T/D	N	H	M	R
子音	ㅇ	ㄱ	ㅅ	ㄷ	ㄴ	ㅎ	ㅁ	ㄹ
	B/P	CH/K	P	CH	K	T	SS	
	ㅂ	ㅈ	ㅍ	ㅊ	ㅋ	ㅌ	ㅆ	

✏レッスン日

／ （   ）

単語を書いてみよう！

※単語例は日本語の発音をそのままハングルで表したもので、
実際の韓国語の単語ではありません。

アリ	（ あ　り ） 아 리
空	（ そ　ら ） 소 라
昼	（ ひ　る ） 히 루
風呂	（ ふ　ろ ） 후 로

おさらい**1**分ドリル

練習したハングルをおさらいしよう。

① 推理
（ す　い　り ）

S EU　I　RI

② 綺麗
（ き　れ　い ）

KI　RE　I

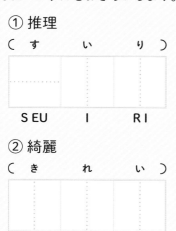

ペンソンセン と ミカりん の Chat Room

ハングルで書ける文字が
どんどん増えてうれしいな♪
五十音の「ら行」まで覚えたから
残りは「わ」だけだね！

あれ、先生！
そういえば「や行」は
まだ練習してなかったよね。

ミカりん、よく気づいたね！
「や行」と「わ」は
母音の形が少し変わるんだ。
次のページで一緒に練習しよう！

あと少しがんばるぞ〜！

答え ① 가리기ㅇ ② 가리리ㅇ

33

Part 2-8 ちょっと違う「やゆよ」と「わ」を書いてみよう！

「やゆよ」と「わ」のハングルを書く練習をしましょう。

Point!

母音の形が特別な「やゆよ」と「わ」！

「やゆよ」の**母音**は「ㅑ」「ㅠ」「ㅛ」で、「A」「U」「O」の**母音**に棒を1本加えた形です。また「わ」の**母音**は「ㅘ」です。どちらも無音の**子音**「ㅇ」を組み合わせて書き表します。

☞「や行」「わ」の**子音** ✚ 組み合わせる**母音**

無		YA	YU	YO	WA
ㅇ	✚	ㅑ	ㅠ	ㅛ	ㅘ

実際に書いてみよう！

（　や　）

（　ゆ　）

（　よ　）

（　わ　）

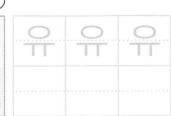

「わ」の母音は「O」と「A」の母音を合わせた形だね。「を」は「お」と同じ「오」を使って表すよ！

「や行」と「わ」は母音自体が音を表すから無音の子音を組み合わせるよ！

これまでに学んだ母音と子音だよ

母音	A	I	U	EU	E	O
	ㅏ	ㅣ	ㅜ	ㅡ	ㅔ	ㅗ
	YA	YU	YO	WA		
	ㅑ	ㅠ	ㅛ	ㅘ		

子音	無	K/G	S	T/D	N	H	M	R
	ㅇ	ㄱ	ㅅ	ㄷ	ㄴ	ㅎ	ㅁ	ㄹ
	B/P	CH/J	P	CH	K	T	SS	
	ㅂ	ㅈ	ㅍ	ㅊ	ㅋ	ㅌ	ㅆ	

✐ レッスン日

／　　（　　）

単語を書いてみよう！

※単語例は日本語の発音をそのままハングルで表したもので、実際の韓国語の単語ではありません。

山 （ や　ま）　야마　無YA M A　야마 야마

弓 （ ゆ　み）　유미　YU M無 I　유미 유미

夜 （ よ　る）　요루　YO 無R U　요루 요루

岩 （ い　わ）　이와　無I WA　이와 이와

Part 2 ハングルで**ひらがな五十音**を書いてみよう

◯ おさらい **1分ドリル**

練習したハングルをおさらいしよう。

① 野菜
（ や　さ　い ）

YA　SA　I

② ハワイ
（ は　わ　い ）

HA　WA　I

ペンソンセン と ミカりん の Chat Room

先生、ありがとう！
五十音が書けるようになったよ。
これで私もハングルマスターね！

ミカりん、おつかれさま！
しっかり覚えられたかな？

ここからは少しレベルアップして
濁音や小さい「ゃ」の表し方を
学んでいくよ！

そっか、濁音もあるんだった…。

きっとすぐに覚えられるよ！
ちょっと休憩してP38から
レッスンを再開するよ！

答え ① 야사이　② 하와이

좋아요 ハングル ② (チョアヨ)

ハングルのフォントを比べてみよう

ハングルも日本語と同じように書体によって文字の形が変化し、書く人によってクセや特徴が現れます。様々なハングルを見比べてみましょう。

書体による文字の形の違いに注意しよう！

ハングルは明朝体とゴシック体によって、文字の形が変わります。書体によっては、手書きで書かなくてもいい部分があるので、注意しましょう。

明朝体	ゴシック体	ここが違う
아	아	明朝体は子音ㅇの上に点が付きますが、実際には書きません。
자	자	子音ㅈはカタカナの「ス」のように書きますが、ゴシック体はヨコ棒が飛び出します。
차	차	子音ㅊはカタカナの「ス」の上に点を付けて書きますが、ゴシック体はヨコ棒が飛び出します。
하	하 하	点の付き方が書体によって異なりますが、実際に書くときはどの形でも構いません。

※本書では基本的にゴシック体を使用していますが、子音「ㅈ」「ㅊ」「ㅉ」は書き込み練習用に明朝体にしています。

> 手書きの場合は基本的に明朝体の形で書くよ。ㅇの上の点は省略してOK！

実際の手書き文字を比べてみよう！

ハングルも人それぞれ書き方に特徴が現れます。実際の手書き文字を見ながら、どんな違いがあるか比較してみましょう。

例

カムサハムニダ
감사합니다.
ありがとうございます。

●ノーマル
> 감사합니다.

●筆記体風
> 감사합니다.

●女性が書いた文字
> 감사합니다.

●男性が書いた文字
> 감사합니다.

同じことが書いてあるハングルを線でつないでみよう！

1 안녕하세요？ •

2 감사합니다. •

3 죄송합니다. •

4 반갑습니다. •

5 괜찮습니다. •

6 사랑합니다. •

7 잘 부탁합니다. •

8 오래간만입니다. •

9 잘 먹겠습니다. •

10 잘 먹었습니다. •

A クェンチャンスムニダ
괜찮습니다.（大丈夫です。）

B カムサハムニダ
감사합니다.（ありがとうございます。）

C チャル プタカムニダ
잘 부탁합니다.（よろしくお願いします。）

D アンニョンハセヨ
안녕하세요？（こんにちは。）

E チャルモクッケッスムニダ
잘 먹겠습니다.（いただきます。）

F チュエソンハムニダ
죄송합니다.（すみません。）

G サランハムニダ
사랑합니다.（愛しています。）

H チャル モゴッスムニダ
잘 먹었습니다.（ごちそうさまでした。）

I パンガプスムニダ
반갑습니다.（お会いできてうれしいです。）

J オレガンマニムニダ
오래간만입니다.（お久しぶりです。）

ほかにもハングルには
ユニークなフォントが
たくさんあるよ！

答え ①D ②B ③F ④I ⑤A ⑥G ⑦C ⑧J ⑨E ⑩H

濁る音はどうやって書くの？

ハングルでひらがなの濁音を表す方法を学びましょう。

Point!

同じ文字でも濁るときと濁らないときがある！

ハングルの一部の子音は、単語の2文字目以降（語中・語尾）にあるとき音が濁って発音されるというルールがあります。これを有声音化といいます。

たとえば…

単語の頭に 가 がつくと？

（ か い ）

貝 가 이
   K A 無 I

↓

濁らないで「か（KA）」と発音

「か行」の「가」は、語頭だと「か（KA）」、語中・語尾だと「が（GA）」の音で発音されます。

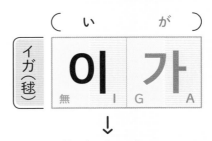

単語の途中や最後に 가 がつくと？

（ い   が ）

イガ（毬） 이 가
         無 I G A

↓

濁って「が（GA）」と発音

「イカ」のように語中・語尾でも濁らない「か」を表す方法はP46で勉強するよ！

単語を書いてみよう！

（ い ご ）

囲碁 이 고
    無 I G O

이 고

（ や ぎ ）

ヤギ 야 기
    無 YA G I

야 기

これまでに学んだ母音と子音だよ

母音	A	I	U	EU	E	O
	ㅏ	ㅣ	ㅜ	ㅡ	ㅔ	ㅗ
	YA	YU	YO	WA		
	ㅑ	ㅠ	ㅛ	ㅘ		

子音	無	K/G	S	T/D	N	H	M	R
	ㅇ	ㄱ	ㅅ	ㄷ	ㄴ	ㅎ	ㅁ	ㄹ
	B/P	CH/J	P	CH	K	T	SS	
	ㅂ	ㅈ	ㅍ	ㅊ	ㅋ	ㅌ	ㅆ	

✏️レッスン日　　／　　（　　）

Point!

「が行」「だ行」は濁る音で表す！

ひらがなを表す**子音**のうち、「か行」を表す「ㄱ」と「た行」を表す「ㄷ」は有声音化します。そのため、濁音の「が行」と「だ行」はそれぞれ「か行」「た行」と同じ文字を使って表し、語頭にあるときは濁らない音、語中・語尾にあるときは濁る音で発音します。

Part 2 ハングルで**ひらがな五十音**を書いてみよう

か行		가	기	구	게	고
語頭	K	か	き	く	け	こ
語中・語尾	G	が	ぎ	ぐ	げ	ご

「か行」（→P20）の「ㄱ」は語頭にあるときは「K」、語中・語尾にあるときは「G」として発音するよ！

た行		다	지	쓰	데	도
語頭	T	た	ち	つ	て	と
語中・語尾	D	だ	ぢ	―	で	ど

「た行」（→P24）の「ㄷ」は語頭にあるときは「T」、語中・語尾にあるときは「D」の音になるんだね！

濁音の「づ」は特別に子音「ㅈ」を使って表すよ。「ず」（→P40）でも同じ文字を使うよ！

（　づ　）

子音 ㅈ 母音 ① J ② ③→ EU

ス　ス　ス

単語を書いてみよう！

| 家具 | （か　ぐ）
가 구
K A G U | 가 구 |

| 鍵 | （か　ぎ）
가 기
K A G I | 가 기 |

| 井戸 | （い　ど）
이 도
無 I D O | 이 도 |

| 枝 | （え　だ）
에 다
無 E D A | 에 다 |

39

Part 2-10

濁る音の「ざじずぜぞ」を書いてみよう！

子音「ㅈ」を使って「ざじずぜぞ」のハングルを書く練習をしましょう。

Point!

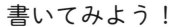

「ざじずぜぞ」の**子音**と**母音**を覚えよう！

「ざ行」はJの音を表す**子音**「ㅈ」と、**母音**を組み合わせて書き表すことができます。たとえば「ざ」はJの**子音**「ㅈ」とAの**母音**「ㅏ」を組み合わせて「자（JA）」と書きます。

「ざ行」の**子音** ✛ 組み合わせる**母音**

J		A	I	EU	E	O
ㅈ	✛	ㅏ	ㅣ	ㅡ	ㅔ	ㅗ

実際に書いてみよう！

（　ざ　）

子音 母音
자
J　A

자 자 자

（　じ　）

子音 母音
지
J　I

지 지 지

（　ず　）

子音
즈
母音
EU

즈 즈 즈

（　ぜ　）

子音 母音
제
J　E

제 제 제

（　ぞ　）

子音
조
母音
O

조 조 조

「ㅈ」は書体によって形が変化するよ！
P36をチェックしてね。

40

これまでに学んだ母音と子音だよ

母音	A	I	U	EU	E	O
	ㅏ	ㅣ	ㅜ	ㅡ	ㅔ	ㅗ
	YA	YU	YO	WA		
	ㅑ	ㅠ	ㅛ	ㅘ		

子音	無	K/G	S	T/D	N	H	M	R
	ㅇ	ㄱ	ㅅ	ㄷ	ㄴ	ㅎ	ㅁ	ㄹ
	B/P	CH/J	P	CH	K	T	SS	
	ㅂ	ㅈ	ㅍ	ㅊ	ㅋ	ㅌ	ㅆ	

✏️レッスン日

／　　（　　）

単語を書いてみよう！

※単語例は日本語の発音をそのままハングルで表したもので、実際の韓国語の単語ではありません。

星座　（ せ い ざ ）
세 이 자
S E 無 I J A
세 이 자

指示　（ し じ ）
시 지
S I J I
시 지 시 지

水　（ み ず ）
미 즈
M I EU
미 즈 미 즈

風　（ か ぜ ）
가 제
K A J E
가 제 가 제

Part 2

ハングルで**ひらがな五十音**を書いてみよう

おさらい1分ドリル

練習したハングルをおさらいしよう。

① 文字
（ も じ ）

MO JI

② 家事
（ か じ ）

KA JI

③ 合図
（ あ い ず ）

A I JEU

答え　①모지　②가지　③아이즈

ペンソンセン と ミカりん の Chat Room

先生、子音の「ㅈ」って「た行」の「ち」でも使うよね？

その通り！　「ㅈ」も有声音化（→P38）する子音だから、語頭だと「CH」、語中・語尾だと「J」の音になるんだよ！

なるほど～！　あれ、でも「J」だと「じゃ」って音になるよね？

よく気づいたね！　実はハングルには「ざ行」を表す音がないから近い音の「ㅈ」を代用してるんだよ！

知らなかった！「ざ行」は特別なんだね！

Part 2-11 濁る音の「ばびぶべぼ」を書いてみよう！

子音「ㅂ」を使って「ばびぶべぼ」のハングルを書く練習をしましょう。

Point!

「ばびぶべぼ」の子音と母音を覚えよう！

「ば行」はBの音を表す子音「ㅂ」と、母音を組み合わせて書き表すことができます。たとえば「ば」はBの子音「ㅂ」とAの母音「ㅏ」を組み合わせて「바（BA）」と書きます。

☝「ば行」の子音 ╬ 組み合わせる母音

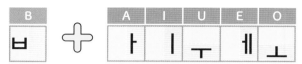

実際に書いてみよう！

ハングルの子音は口や舌の形をモチーフに作られているよ。「ㅂ」は発音前に唇を閉じた口の形をイメージしているよ！

母音	A	I	U	EU	E	O
	ㅏ	ㅣ	ㅜ	ㅡ	ㅔ	ㅗ
	YA	YU	YO	WA		
	ㅑ	ㅠ	ㅛ	ㅘ		

子音	無	K/G	S	T/D	N	H	M	R
	ㅇ	ㄱ	ㅅ	ㄷ	ㄴ	ㅎ	ㅁ	ㄹ
	B/P	CH/J	P	CH	K	T	SS	
	ㅂ	ㅈ	ㅍ	ㅊ	ㅋ	ㅌ	ㅆ	

✏ レッスン日
／ （ ）

単語を書いてみよう！

※単語例は日本語の発音をそのままハングルで表したもので、実際の韓国語の単語ではありません。

バス	（ ば す ） 바스 B A S EU	바 스 바 스
旅	（ た び ） 다비 T A B I	다 비 다 비
武士	（ ぶ し ） 부시 B U S I	부 시 부 시
壁	（ か べ ） 가베 K A B E	가 베 가 베

おさらい1分ドリル

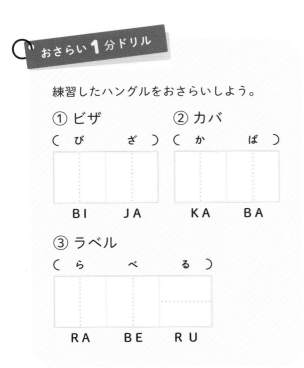

練習したハングルをおさらいしよう。

① ビザ
（ び ざ ）

BI JA

② カバ
（ か ば ）

KA BA

③ ラベル
（ ら べ る ）

RA BE RU

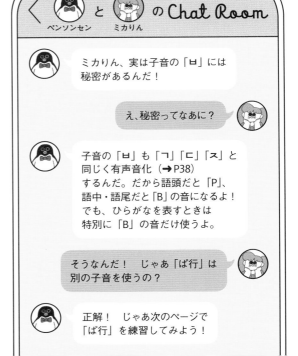

ペンソンセン と ミカりん の Chat Room

ミカりん、実は子音の「ㅂ」には秘密があるんだ！

え、秘密ってなあに？

子音の「ㅂ」も「ㄱ」「ㄷ」「ㅈ」と同じく有声音化（→P38）するんだ。だから語頭だと「P」、語中・語尾だと「B」の音になるよ！でも、ひらがなを表すときは特別に「B」の音だけ使うよ。

そうなんだ！ じゃあ「ぱ行」は別の子音を使うの？

正解！ じゃあ次のページで「ぱ行」を練習してみよう！

答え ① 비자 ② 가바 ③ 라베루

43

半分濁る音の「ぱぴぷぺぽ」を書いてみよう！

Tr. 16

子音「ㅍ」を使って「ぱぴぷぺぽ」のハングルを書く練習をしましょう。

Point!

「ぱぴぷぺぽ」の子音と母音を覚えよう！

「ぱ行」はＰの音を表す子音「ㅍ」と、母音を組み合わせて書き表すことができます。たとえば「ぱ」はＰの子音「ㅍ」とＡの母音「ㅏ」を組み合わせて「파（PA）」と書きます。

👉「ぱ行」の子音 ✚ 組み合わせる母音

P	✚	A	I	U	E	O
ㅍ		ㅏ	ㅣ	ㅜ	ㅔ	ㅗ

実際に書いてみよう！

子音「ㅍ」は息を強く吐いて発音するよ。

母音	A ㅏ	I ㅣ	U ㅜ	EU ㅡ	E ㅔ	O ㅗ				
	YA ㅑ	YU ㅠ	YO ㅛ	WA ㅘ						

	無	K/G	S	T/D	N	H	M	R
子音	ㅇ	ㄱ	ㅅ	ㄷ	ㄴ	ㅎ	ㅁ	ㄹ
	B/P	CH/J	P	CH	T	SS		
	ㅂ	ㅈ	ㅍ	ㅊ	ㅋ	ㅌ	ㅆ	

これまでに学んだ母音と子音だよ

レッスン日　／　（　　）

単語を書いてみよう！

※単語例は日本語の発音をそのままハングルで表したもので、実際の韓国語の単語ではありません。

パセリ （ぱ せ り）　파 세 리　PASERI　파 세 리

ピアノ （ぴ あ の）　피 아 노　PI 無 A NO　피 아 노

プラグ （ぷ ら ぐ）　푸 라 구　PURAGU　푸 라 구

ペア （ぺ あ）　페 아　PE 無 A　페 아 페 아

おさらい1分ドリル

練習したハングルをおさらいしよう。

① ピザ　（ぴ　ざ）
PI　JA

② パパ　（ぱ　ぱ）
PA　PA

③ ナポリ　（な　ぽ　り）
NA　PO　RI

ペンソンセン　と　ミカりん　の Chat Room

先生、どうして子音「ㅍ」は息を強く吐くの？

いい質問だね。ハングルの子音は発音の仕方で３つのグループに分かれているんだよ！「ぱ行」の「ㅍ」は息を強く吐いて発音するグループの子音なんだ。

そうなんだ！　ほかにはどんなグループがあるの？

ミカりん、やる気満々だね！ハングルの子音についてP66からくわしく紹介するよ♪

答え ① ピザ ② パパ ③ ナポリ

濁らない「かきくけこ」を書いてみよう！

子音「ㅋ」を使って濁らない「かきくけこ」のハングルを書く練習をしましょう。

Point!

「かきくけこ」の**子音**と**母音**を覚えよう！

音が濁らない「か行」はKの音を表す**子音**「ㅋ」を使って書き表します。P20で学んだ「か行」の**子音**「ㄱ」は語中では濁る音になりますが、「ㅋ」は語中でも濁りません。

「か行」の**子音** ✛ 組み合わせる**母音**

K
ㅋ

✛

A	I	U	E	O
ㅏ	ㅣ	ㅜ	ㅔ	ㅗ

実際に書いてみよう！

「ㄱ」と「ㅋ」は
同じKの子音だけど
「ㅋ」のほうが息を強く吐いて
発音するよ。P68を確認しよう！

 ## 単語を書いてみよう！

※単語例は日本語の発音をそのままハングルで表したもので、実際の韓国語の単語ではありません。

おかき （ お か き ） 오카키 / 오카키
枕 （ ま く ら ） 마쿠라 / 마쿠라
池 （ い け ） 이케 / 이케이케
箱根 （ は こ ね ） 하코네 / 하코네

Part 2 ハングルでひらがな五十音を書いてみよう

おさらい1分ドリル

練習したハングルをおさらいしよう。

① 待機 （ た い き ）
TA I KI

② イクラ （ い く ら ）
I KU RA

答え ① 타이키 ② 이쿠라

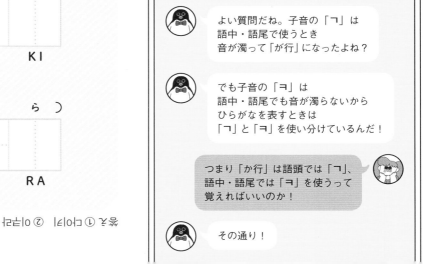

ペンソンセン と ミカりん の Chat Room

先生、前に練習した「か行」の「ㄱ」と「ㅋ」はどう違うの？

よい質問だね。子音の「ㄱ」は語中・語尾で使うとき音が濁って「が行」になったよね？

でも子音の「ㅋ」は語中・語尾でも音が濁らないからひらがなを表すときは「ㄱ」と「ㅋ」を使い分けているんだ！

つまり「か行」は語頭では「ㄱ」、語中・語尾では「ㅋ」を使うって覚えればいいのか！

その通り！

Part 2-14 濁らない「たちつてと」を書いてみよう！

3つの子音を使って濁らない「たちつてと」のハングルを書く練習をしましょう。

Point!

「たちつてと」の子音と母音を覚えよう！

音が濁らない「た行」はＴの音を表す子音「ㅌ」を使って書き表します。ただし、「ち」は「ㅊ」、「つ」は「ㅆ」の子音を使って表します。「ㅌ」も語中では濁りません。

👆「た行」の子音 ✚ 組み合わせる母音

T		A	I	EU	E	O
ㅌ	✚	ㅏ	ㅣ	ㅡ	ㅔ	ㅗ

実際に書いてみよう！

(た)

子音	母音
타	
T	A

타　타　타

(ち)

子音	母音
치	
CH	I

치　치　치

(つ)

子音	SS
쓰	
母音	EU

쓰　쓰　쓰

(て)

子音	母音
테	
T	E

테　테　테

(と)

子音	T
토	
母音	O

토　토　토

「つ」は語頭・語中・語尾に関係なく「쓰」と書くよ。

48

これまでに
学んだ
母音と子音
だよ

母音	A	I	U	EU	E	O		子音	無	K/G	S	T/D	N	H	M	R
	ㅏ	ㅣ	ㅜ	ㅡ	ㅔ	ㅗ			ㅇ	ㄱ	ㅅ	ㄷ	ㄴ	ㅎ	ㅁ	ㄹ
	YA	YU	YO	WA					B/P	CH/J	P	CH	K	T	SS	
	ㅑ	ㅠ	ㅛ	ㅘ					ㅂ	ㅈ	ㅍ	ㅊ	ㅋ	ㅌ	ㅆ	

✏️レッスン日

／ （ ）

単語を書いてみよう！

※単語例は日本語の発音をそのままハングルで表したもので、
実際の韓国語の単語ではありません。

肩 （ か た ）
가 타
K AT A
가 타 가 타

位置 （ い ち ）
이 치
無 I CH I
이 치 이 치

家庭 （ か て い ）
가 테 이
K AT E 無 I
가 테 이

糸 （ い と ）
이 토
無 I T O
이 토 이 토

おさらい 1分ドリル

練習したハングルをおさらいしよう。

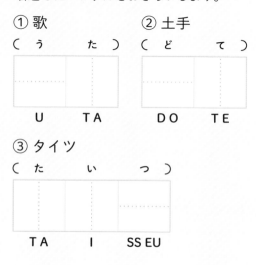

① 歌
（ う た ）

U TA

② 土手
（ ど て ）

DO TE

③ タイツ
（ た い つ ）

TA I SS EU

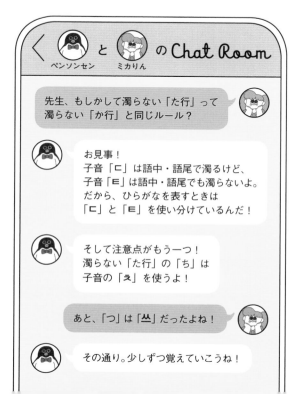

ペンソンセン と ミカりん の Chat Room

先生、もしかして濁らない「た行」って
濁らない「か行」と同じルール？

お見事！
子音「ㄷ」は語中・語尾で濁るけど、
子音「ㅌ」は語中・語尾でも濁らないよ。
だから、ひらがなを表すときは
「ㄷ」と「ㅌ」を使い分けているんだ！

そして注意点がもう一つ！
濁らない「た行」の「ち」は
子音の「ㅊ」を使うよ！

あと、「つ」は「ㅆ」だったよね！

その通り。少しずつ覚えていこうね！

答え ① 우타 ② 도테 ③ 타이쓰

小さい「ゃゅょ」はどうやって書くの？

ハングルでひらがなの拗音を書いてみましょう！

Point!

야「や」の子音を替えると小さい「ゃ」になる！

「や行」（→P34）で学んだ母音「ㅑ（YA）」「ㅠ（YU）」「ㅛ（YO）」は、子音を入れ替えると小さい「ゃゅょ」を表すことができます。

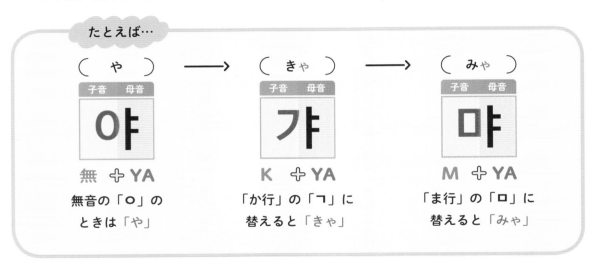

たとえば…

| （ や ） | → | （ きゃ ） | → | （ みゃ ） |

| 子音　母音 | | 子音　母音 | | 子音　母音 |

| 야 | | 갸 | | 먀 |

| 無 ╋ YA | | K ╋ YA | | M ╋ YA |

| 無音の「ㅇ」の
ときは「や」 | | 「か行」の「ㄱ」に
替えると「きゃ」 | | 「ま行」の「ㅁ」に
替えると「みゃ」 |

Point!

短い棒が2本になると小さい音になることが多い！

ハングルでひらがなを表すとき、短い棒が2本ある母音「ㅑ（YA）」「ㅠ（YU）」「ㅛ（YO）」が、「ㅇ」意外の子音と組み合わさると小さい音（拗音）を表します。

（ か ）（ きゃ ）　（ こ ）（ きょ ）

가 → 갸　　고 → 교

「가（KA）」の母音のヨコ棒が2本になると「갸（KYA）」、「고（KO）」の母音のタテ棒が2本になると「교（KYO）」になります。短い棒に注目してみましょう。

これまでに学んだ母音と子音だよ

	A	I	U	Ū	E	O
母音	ㅏ	ㅣ	ㅜ	ㅡ	ㅔ	ㅗ
	YA	YU	YO	WA		
	ㅑ	ㅠ	ㅛ	ㅘ		

	無	K/G	S	T/D	N	H	M	R
子音	ㅇ	ㄱ	ㅅ	ㄷ	ㅎ	ㅁ	ㄹ	
	B/P	CH/J	P	CH	K	T	SS	
	ㅂ	ㅈ	ㅍ	ㅊ	ㅋ	ㅌ	ㅆ	

✎レッスン日
／ （ ）

実際に書いてみよう！

「きゃ行」「ちゃ行」は語頭と語中・語尾で使い分けるよ！

「じゃ行」「ちゃ行」の母音は「ㅏ」「ㅜ」「ㅗ」を使うよ！

Part 2 ハングルで ひらがな五十音 を書いてみよう

51

ハングルで書いてみよう②

ハングルでひらがなの五十音や単語を書いてみましょう。

 ひらがな対応表をなぞって埋めてみよう

	あ	い	う	え	お
あ行	아	이	우	에	오
	か	き	く	け	こ
か行 語頭	가	기	구	게	고
	か	き	く	け	こ
か行 語中・語尾	카	키	쿠	케	코
	さ	し	す	せ	そ
さ行	사	시	스	세	소
	た	ち	つ	て	と
た行 語頭	다	지	쓰	데	도
	た	ち	つ	て	と
た行 語中・語尾	타	치	쓰	테	토
	な	に	ぬ	ね	の
な行	나	니	누	네	노
	は	ひ	ふ	へ	ほ
は行	하	히	후	헤	호

	ま	み	む	め	も
ま行	마	미	무	메	모
	や		ゆ		よ
や行	야	ー	유	ー	요
	ら	り	る	れ	ろ
ら行	라	리	루	레	로
	わ				を
わ行	와	ー	ー	ー	오
	ん				っ
ん/っ	ㄴ	ー	ー	ー	ㅅ

日本語のハングル表記ルール

①「ん」は「ㄴ」で表す
　㊀ 간다　かんだ（神田）

②小さい「っ」は「ㅅ」で表す
　㊀ 삿포로　さっぽろ（札幌）

③「大阪」の「おお」など
　長音にあたる部分は表記しない
　㊀ 오사카　おおさか（大阪）

52

が行	が が	ぎ 기	ぐ 구	げ 게	ご 고
ざ行	ざ 자	じ 지	ず 즈	ぜ 제	ぞ 조
だ行	だ 다	ぢ 지	づ 즈	で 데	ど 도
ば行	ば 바	び 비	ぶ 부	べ 베	ぼ 보
ぱ行	ぱ 파	ぴ 피	ぷ 푸	ぺ 페	ぽ 포

きゃ行	語頭	きゃ 갸		きゅ 규		きょ 교
	語中・語尾	きゃ 캬		きゅ 큐		きょ 쿄

しゃ行	しゃ 샤		しゅ 슈		しょ 쇼

ちゃ行	語頭	ちゃ 자		ちゅ 주		ちょ 조
	語中・語尾	ちゃ 차		ちゅ 추		ちょ 초

にゃ行	にゃ 냐		にゅ 뉴		にょ 뇨
ひゃ行	ひゃ 햐		ひゅ 휴		ひょ 효
みゃ行	みゃ 먀		みゅ 뮤		みょ 묘
りゃ行	りゃ 랴		りゅ 류		りょ 료
ぎゃ行	ぎゃ 갸		ぎゅ 규		ぎょ 교
じゃ行	じゃ 자		じゅ 주		じょ 조
びゃ行	びゃ 뱌		びゅ 뷰		びょ 뵤
ぴゃ行	ぴゃ 퍄		ぴゅ 퓨		ぴょ 표

韓国語は語頭が濁らないという特徴があるよ。そのため語頭の濁音は語中・語尾の音をあてはめて代用しているよ！

53

日本語のハングル表記に従って**名前**を書いてみよう！

（ す ず き ）
鈴木　스 스 키　스 스 키

（ た な か ）
田中　다 나 카　다 나 카

（ や ま だ ）
山田　야 마 다　야 마 다

（ さ と ）
佐藤　사 토　사 토

（ き む ら ）
木村　기 무 라　기 무 라

（ つ が わ ）
津川　쓰 가 와　쓰 가 와

（ さ さ き ）
佐々木　사 사 키　사 사 키

（ かん だ ）
神田　간 다　간 다

（ ほっ た ）
堀田　홋 타　홋 타

54

漢字	ふりがな	ハングル	練習	練習
綾乃	（ あ や の ）	아 야 노_N 無 A 無 YA O	아 야 노	
咲良	（ さ く ら ）	사 쿠_K 라 S A U R A	사 쿠 라	
千尋	（ ち ひ ろ ）	지 히 로_R CH I H I O	지 히 로	
春香	（ は る か ）	하 루_R 카 H A U K A	하 루 카	
真央	（ ま お ）	마 오_無 M A O	마 오	
恭子	（ きょ こ ）	교_K 코_K YO O	교 코	
健人	（ けん と ）	겐_K 토_T N	겐 토	
正樹	（ ま さ き ）	마 사 키 M A S A K I	마 사 키	
悠太	（ ゆ た ）	유_{YU} 타_{T A} 無	유 타	

日本語のハングル表記に従って**都道府県名**を書いてみよう！

秋田	（　あ　　き　　た　） 아 키 타 無 AK IT A	아 키 타	
宮城	（　み　　や　　ぎ　） 미 야 기 MI 無 YA G I	미 야 기	
岩手	（　い　　わ　　て　） 이 와 테 無 I WA T E	이 와 테	
栃木	（　と　　ち　　ぎ　） 도 치 기 O CH I G I	도 치 기	
群馬	（　ぐん　　ま　） 군 마 GU NM A	군 마	
千葉	（　ち　　ば　） 지 바 CH I B A	지 바	
東京	（　と　　きょ　） 도 쿄 O YO	도 쿄	
新潟	（　に　　が　　た　） 니 가 타 N I G AT A	니 가 타	
富山	（　と　　や　　ま　） 도 야 마 O 無 YA A	도 야 마	

	（　あ　　い　　ち　）		
愛知	아 이 치 無 A 無 I CH I	아 이 치	

	（　ひょ　　ご　）		
兵庫	효 고 H G YO O	효 고	

	（　きょ　　と　）		
京都	교 토 K T YO O	교 토	

	（　お　　さ　　か　）		
大阪	오 사 카 無 O S A K A	오 사 카	

	（　とっ　　と　　り　）		
鳥取	돗 토 리 T T O O T R I	돗 토 리	

	（　か　　が　　わ　）		
香川	가 가 와 K A G A 無 WA	가 가 와	

	（　え　　ひ　　め　）		
愛媛	에 히 메 無 E H I M E	에 히 메	

	（　お　　い　　た　）		
大分	오 이 타 O 無 I T A	오 이 타	

	（　さ　　が　）		
佐賀	사 가 S A G A	사 가	

ハングルで**体の名称**を書いてみよう！

※単語例は日本語の発音をそのままハングルで表したもので実際の韓国語の単語ではありません。

頭	（ あ　た　ま ） 아 타 마 （無 A TAM A）	아 타 마	
顔	（ か　お ） 가 오 （K A O 無）	가 오	
目	（ め ） 메 （M E）	메	
鼻	（ は　な ） 하 나 （H A N A）	하 나	
口	（ く　ち ） 구 치 （K U CH I）	구 치	
体	（ か　ら　だ ） 가 라 다 （K A R A D A）	가 라 다	
腕	（ う　で ） 우 데 （U D 無 E）	우 데	
手	（ て ） 데 （T E）	데	
足	（ あ　し ） 아 시 （無 A S I）	아 시	

ハングルで**天気や季節**を書いてみよう！

天気 （てん　き）	덴 키	덴 키
晴れ （は　れ）	하 레	하 레
曇り （く　も　り）	구 모 리	구 모 리
雨 （あ　め）	아 메	아 메
雪 （ゆ　き）	유 키	유 키
春 （は　る）	하 루	하 루
夏 （な　っ）	나 쓰	나 쓰
秋 （あ　き）	아 키	아 키
冬 （ふ　ゆ）	후 유	후 유

좋아요
ハングル
3

ハングルで地名を読んでみよう

ひらがな五十音の書き表し方やルールを思い出しながら、日本の都市名を表したハングルを読んでみましょう。

同じ意味のハングルと日本の都市名を線でつないでみよう！

1 나하 •

2 요코하마 •

3 센다이 •

4 다카마쓰 •

5 삿포로 •

6 고베 •

7 가나자와 •

8 나고야 •

• A 札幌

• B 仙台

• C 横浜

• D 金沢

• E 名古屋

• F 神戸

• G 高松

• H 那覇

わからないときはP52
に戻って確認してね！

答え ①H ②C ③B ④G ⑤A ⑥F ⑦D ⑧E

60

Part **3**

ひらがなには
ない韓国語を
書いてみよう

ここからは韓国語としてのハングルを学習します。
子音や母音、発音のルールを覚えましょう。

5つのパターンで
ハングルが**書けるようになる！**

まずはハングルの基本の組み合わせを覚えましょう。

Point!

きほんの**組み合わせパターン**は**5つ**だけ！

ここまでひらがな五十音を表すハングルを学びましたが、韓国語を表すハングルにはそれ以外にも**母音**や**子音**の文字があります。ただし、「**子音＋母音**」という文字の組み合わせはひらがなと同じです。韓国語の組み合わせパターンは大きく5つに分けられます。

パターン1 子音と母音が左右に並ぶ

（　キ　）

子音　母音

기

k　　i

子音と**母音**が左右に並ぶ形です。たとえば、**子音**ㄱ（k）と**母音**ㅣ（i）を組み合わせて**기**（ki）となります。

$$k + i = ki$$

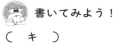 書いてみよう！

（　キ　）　　　（　シ　）

기　　　시

パターン2 子音と母音が上下に並ぶ

（　モ　）

子音
母音

m

모

o

子音と**母音**が上下に並ぶ形です。たとえば、**子音**ㅁ（m）と**母音**ㅗ（o）を組み合わせて**모**（mo）となります。

$$m + o = mo$$

 書いてみよう！

（　モ　）　　　（　ユ　）

모　　　유

パターン**1**の子音と母音にパッチム（→P72）がつく

(キム)

子音　母音

김

k　i
m

パッチム

左右に並んだ**子音**と**母音**の下に、もう一つの**子音**であるパッチムが入る形です。たとえば、기（ki）の下にパッチムㅁ（m）が入って김（kim）となります。

k ＋ i ＋ m ＝ kim

 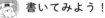 書いてみよう！

(キム)　　　　(ハン)

김　　　　한

パターン**2**の子音と母音にパッチム（→P72）がつく

(モク)

子音　母音　パッチム

목

m
o
k

上下に並んだ**子音**と**母音**の下に、もう一つの**子音**であるパッチムが入る形です。たとえば、모（mo）の下にパッチムㄱ（k）が入って목（mok）となります。

m ＋ o ＋ k ＝ mok

 書いてみよう！

(モク)　　　　(スン)

목　　　　순

子音と複合母音（→P70）にパッチム（→P72）がつく

(クワン)

子音　複合母音

관

k　wa
n

パッチム

子音と**複合母音**の組み合わせにパッチムが入る形です。たとえば、ㄱ（k）とㅘ（wa）の組み合わせにパッチムㄴ（n）が入って관（kwan）となります。

k ＋ wa ＋ n ＝ kwan

書いてみよう！

(クワン)　　　　(ウェン)

관　　　　왼

基本母音を覚えよう

ハングルの基本となる母音から覚えましょう。

Point!

まずは**10個**の**キホン**の**母音**を覚えよう！

Part1〜2では、ひらがなを表す5つの**母音**を勉強しましたが、実はハングルの**母音**は全部で21個あります。ここでは、基本となる10個の**基本母音**から覚えましょう。なお、ハングルで**母音**を書くときは、必ず音のない**子音**「ㅇ」と一緒に書きます。

発音を意識しながら基本母音を書いてみよう！

（ア）

子音	母音

아
無　a

発音のポイント
日本語の「ア」とほぼ同じ。口を大きく開けて発音。

（ヤ）

子音	母音

야
無　ya

発音のポイント
日本語の「ヤ」とほぼ同じ。口を大きく開けて発音。

（オ）

子音	母音

어
無　eo

発音のポイント
日本語にない音。日本語の「ア」の口で「オ」と発音。

（ヨ）

子音	母音

여
無　yeo

発音のポイント
日本語にない音。日本語の「ア」の口で「ヨ」と発音。

（オ）

子音	無
母音	

오
o

発音のポイント
日本語の「オ」とほぼ同じ。口をすぼめて発音。

（ヨ）

子音	無
母音	

요
yo

発音のポイント
日本語の「ヨ」とほぼ同じ。口をすぼめて発音。

母音	a	ya	eo	yeo	o	yo	u	yu	eu	i		子音	k/g	n	t/d	r	m	p/b	s	無	ch/j	h
	ㅏ	ㅑ	ㅓ	ㅕ	ㅗ	ㅛ	ㅜ	ㅠ	ㅡ	ㅣ			ㄱ	ㄴ	ㄷ	ㄹ	ㅁ	ㅂ	ㅅ	ㅇ	ㅈ	ㅎ
	ae	yae	e	ye	wa	wae	oe	wo	we	wi	ui		ch	k	t	p	kk	tt	pp	ss	jj	
	ㅐ	ㅒ	ㅔ	ㅖ	ㅘ	ㅙ	ㅚ	ㅝ	ㅞ	ㅟ	ㅢ		ㅊ	ㅋ	ㅌ	ㅍ	ㄲ	ㄸ	ㅃ	ㅆ	ㅉ	

レッスン日 ／ （ ）

Part 3

ひらがなにはない韓国語を書いてみよう

（ ウ ）
子音 無
母音
우
u

発音のポイント
日本語の「ウ」とほぼ同じ。
口をすぼめて発音。

（ ユ ）
子音 無
母音
유
yu

発音のポイント
日本語の「ユ」とほぼ同じ。
口をすぼめて発音。

（ ウ ）
子音 無
母音
으
eu

発音のポイント
日本語にない音。日本語の
「イ」の口で「ウ」と発音。

（ イ ）
子音 母音
이
無 i

発音のポイント
日本語の「イ」とほぼ同じ。
口を横に引いて発音。

基本母音を使った単語を書いてみよう！

子ども （ ア イ ）
아 이

キュウリ （ オ イ ）
오 이

キツネ （ ヨ ウ ）
여 우

牛乳 （ ウ ユ ）
우 유

理由 （ イ ユ ）
이 유

乳児 （ ユ ア ）
유 아

ペンソンセン と ミカりん の Chat Room

先生、ハングルの母音には
「オ」「ヨ」「ウ」が2つあるんだね！

そうだよ。それぞれ発音が違うから
口の開き方に注意してね！
音声をよく聞いてマネしてみよう！

たくさん聞いてみよっと！

65

Part 3-3　ハングルの子音編①

基本子音を覚えよう

基本母音と組み合わせながらハングルの基本の子音を覚えましょう。

Point!

10個のキホンの子音を覚えよう！

Part1〜2でも**子音**を学習しましたが、ハングルの**子音**は全部で19個あり、息の吐き方によって3つの種類に分けられます。まずは、普通に息を吐く10個の**基本子音**から覚えていきましょう。また、**母音**の「ㅏ（a）」をつけて、読み書きの練習をしてみましょう。

発音を意識しながら基本子音を書いてみよう！

	a	ya	eo	yeo	o	yo	u	yu	eu	i		k/g	n	t/d	r	m	p/b	s	無	ch/j	h
母音	ㅏ	ㅑ	ㅓ	ㅕ	ㅗ	ㅛ	ㅜ	ㅠ	ㅡ	ㅣ	子音	ㄱ	ㄴ	ㄷ	ㄹ	ㅁ	ㅂ	ㅅ	ㅇ	ㅈ	ㅎ
	ae	yae	e	ye	wa	wae	oe	wo	we	wi	ui		ch	k	t	p	kk	tt	pp	ss	jj
	ㅐ	ㅒ	ㅔ	ㅖ	ㅘ	ㅙ	ㅚ	ㅝ	ㅞ	ㅟ	ㅢ		ㅊ	ㅋ	ㅌ	ㅍ	ㄲ	ㄸ	ㅃ	ㅆ	ㅉ

レッスン日 ／ （ ）

(サ)

子音　母音

사

s　a

사

発音のポイント
日本語の「サ」とほぼ同じ。

(ア)

子音　母音

아

無　a

아

発音のポイント
無音の子音。母音と組み合わせると母音の発音になる。

(チャ/ジャ)

子音　母音

자

ch/j　a

자

発音のポイント
日本語の「チャ」とほぼ同じ。語中では「ジャ」になる。

(ハ)

子音　母音

하

h　a

하

発音のポイント
日本語の「ハ」とほぼ同じ。

Part 3 ひらがなにはない**韓国語**を書いてみよう

基本子音を使った単語を書いてみよう！

歌手	(カ　ス) 가 수	

国	(ナ　ラ) 나 라	

道具	(ト　グ) 도 구	

海	(パ　ダ) 바 다	

料理	(ヨ　リ) 요 리	

ズボン	(パ　ジ) 바 지	

地球	(チ　グ) 지 구	

一日	(ハ　ル) 하 루	

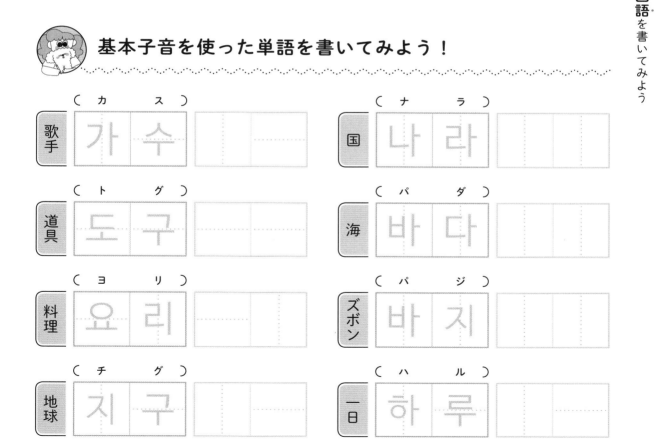

Part 3-4 ハングルの子音編②

激音と濃音を覚えよう

息の出し方に特徴がある2種類の子音を覚えましょう。

Point!

息を強く吐く**4個**の激音を覚えよう！

ハングルの**子音**のなかで、息を強く吐きながら発音する**子音**を激音といいます。激音は4個あり、**基本子音**のように語中で音が濁ることはありません。激音も**母音**の「ト（a）」をつけて、読み書きの練習をしてみましょう。

発音を意識しながら激音を書いてみよう！

（　チャ　）

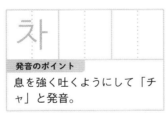

発音のポイント
息を強く吐くようにして「チャ」と発音。

（　カ　）

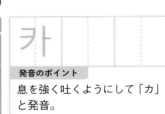

発音のポイント
息を強く吐くようにして「カ」と発音。

（　タ　）

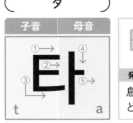

発音のポイント
息を強く吐くようにして「タ」と発音。

（　パ　）

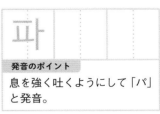

発音のポイント
息を強く吐くようにして「パ」と発音。

激音は基本子音に一画足したような形をしているよ！

	a	ya	eo	yeo	o	yo	u	yu	eu	i
母音	ㅏ	ㅑ	ㅓ	ㅕ	ㅗ	ㅛ	ㅜ	ㅠ	ㅡ	ㅣ
	ae	yae	e	ye	wa	wae	oe	wo	we	wi	ui
	ㅐ	ㅒ	ㅔ	ㅖ	ㅘ	ㅙ	ㅚ	ㅝ	ㅞ	ㅟ	ㅢ

	k/g	n	t/d	r	m	p/b	s	無	ch/j	h
子音	ㄱ	ㄴ	ㄷ	ㄹ	ㅁ	ㅂ	ㅅ	ㅇ	ㅈ	ㅎ
	ch	k	t	p	kk	tt	pp	ss	jj
	ㅊ	ㅋ	ㅌ	ㅍ	ㄲ	ㄸ	ㅃ	ㅆ	�双

レッスン日
／　（　）

Point!

息を出さない**5個**の濃音を覚えよう！

ハングルの**子音**のなかで、ほとんど息を出さずに発音する**子音**を濃音（のうおん）といいます。濃音は5個あり、小さい「っ」を発音した後のように詰まった音になります。また、濃音も語中で濁ることはありません。**母音**の「ㅏ（a）」をつけて、読み書きの練習をしてみましょう。

発音を意識しながら濃音を書いてみよう！

（　ッカ　）

子音　母音
kk　　a

発音のポイント
「すっかり」の「っか」のように発音。

（　ッタ　）

子音　母音
tt　　a

発音のポイント
「やった」の「った」のように発音。

（　ッパ　）

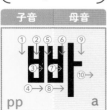
子音　母音
pp　　a

発音のポイント
「葉っぱ」の「っぱ」のように発音。

（　ッサ　）

子音　母音
ss　　a

発音のポイント
「あっさり」の「っさ」のように発音。

（　ッチャ　）

子音　母音
jj　　a

発音のポイント
「抹茶」の「っちゃ」のように発音。

濃音は画数が多いから繰り返し書いてみてね！

＜　ペンソンセン　と　ミカりん　の Chat Room

先生、激音と濃音がうまく発音できないよ。

それなら口の前に手をかざして息が出ているか・いないかを確認しながら発音するといいよ！激音は手に息がかかるよ！

よし、早速やってみるよ！

ハングルの母音編②

複合母音を覚えよう

基本の母音を組み合わせた母音の形を学びましょう。

Tr. 24

Point!

11個の複合母音を覚えよう！

ここまで**基本母音**と**子音**を学びましたが、ハングルには2つ以上の**基本母音**を組み合わせた**複合母音**という**母音**があります。**複合母音**は11個あり、たとえば「**애**」は**母音**の「ㅏ」と「ㅣ」が組み合わさってできています。**複合母音**も無音の**子音**「ㅇ」と一緒に書きます。

発音を意識しながら複合母音を書いてみよう！

(エ)

子音	母音

애
無　ae

発音のポイント
日本語の「エ」より口を大きく開けて発音。

(イェ)

子音	母音

얘
無　yae

発音のポイント
日本語の「イェ」より口を大きく開けて発音。

(エ)

子音	母音

에
無　e

発音のポイント
日本語の「エ」のように発音。「애」とほぼ同じ音。

(イェ)

子音	母音

예
無　ye

発音のポイント
日本語の「イェ」のように発音。「얘」とほぼ同じ音。

(ワ)

子音	母音

와
無　wa

発音のポイント
日本語の「ワ」のように発音。

(ウェ)

子音	母音

왜
無　wae

発音のポイント
口をしっかり開いて「ウェ」と発音。

母音	a	ya	eo	yeo	o	yo	u	yu	eu	i
	ㅏ	ㅑ	ㅓ	ㅕ	ㅗ	ㅛ	ㅜ	ㅠ	ㅡ	ㅣ
	ae	yae	e	ye	wa	wae	oe	wo	we	wi	ui
	ㅐ	ㅒ	ㅔ	ㅖ	ㅘ	ㅙ	ㅚ	ㅝ	ㅞ	ㅟ	ㅢ

子音	k/g	n	t/d	r	m	p/b	s	無	ch/j	h
	ㄱ	ㄴ	ㄷ	ㄹ	ㅁ	ㅂ	ㅅ	ㅇ	ㅈ	ㅎ
	ch	k	t	p	kk	tt	pp	ss	jj
	ㅊ	ㅋ	ㅌ	ㅍ	ㄲ	ㄸ	ㅃ	ㅆ	ㅉ

🖊レッスン日　　／　（　　）

Part 3
ひらがなにはない韓国語を書いてみよう

（　ウェ　）

子音　母音
無　① ④↓
외
②→ ③→　oe

発音のポイント
口を丸くすぼめて突き出しながら「ウェ」と発音。

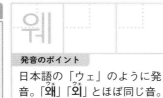
의

（　ウェ　）

子音　母音
無　① ⑤ ⑥↓
웨
②→ ③→ ④　we

発音のポイント
日本語の「ウェ」のように発音。「왜」「외」とほぼ同じ音。

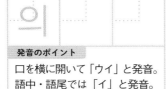
웨

（　ウイ　）

子音　母音
無　①
의
②→　ui

発音のポイント
口を横に開いて「ウイ」と発音。語中・語尾では「イ」と発音。

의

（　ウォ　）

子音　母音
無　① ⑤↓
워
②→ ③↓ ④　wo

発音のポイント
日本語の「ウォ」のように発音。

워

（　ウィ　）

子音　母音
無　① ④↓
위
②→ ③→　wi

発音のポイント
口を丸くすぼめて突き出しながら「ウィ」と発音。

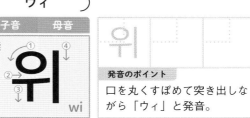
위

「의」は助詞「～の」の場合は「エ」と発音するよ。

 複合母音を使った単語を書いてみよう！

歌　（ ノ　レ ）
노 래

予告　（ イェ　ゴ ）
예 고

ブタ　（ トゥェ　ジ ）
돼 지

あさって　（ モ　レ ）
모 레

リンゴ　（ サ　グヮ ）
사 과

はさみ　（ カ　ウィ ）
가 위

71

パッチムの基本を覚えよう！

子音と母音を支えるパッチムについてマスターしましょう。

Point!

ハングルにはパッチムという子音がある！

ハングルは**子音**と**母音**の組み合わせですが、その下にもう一つ**子音**が入ることがあります。その**子音**をパッチムといい、上の**子音**と**母音**を読んだ後に発音します。パッチムになる**子音**は多くありますが、発音は全部で7種類です。

（ キム ）

ki + m + kim
（キ）（ム）（ キム ）
海苔

下で支える子音パッチム

	発音	パッチムになる子音	文字例	発音ポイント
音が鼻に響くパッチム	ン n	ㄴ	안 アン	「サンタ」と発音するときに「サン」で止めた音。
	ム m	ㅁ	암 アム	「サンマ」と発音するときの「サン」で止めた音。
	ン ng	ㅇ	앙 アン	「リンゴ」と発音するときの「リン」で止めた音。
	ル l	ㄹ	알 アル	英語の「l」のように舌が上あごに当たったところで止めた音。
音が消えるパッチム	ク k	ㄱ , ㅋ , ㄲ	악 アク	「真っ赤」と発音するときの「マッ」で止めた音。
	ッ t	ㄷ , ㅌ , ㅅ , ㅆ , ㅈ , ㅊ , ㅎ	앋 アッ	「勝った」と発音するときの「カッ」で止めた音。
	プ p	ㅂ , ㅍ	압 アプ	「ラッパ」と発音するときの「ラッ」で止めた音。

ここで学んだパッチムだよ

	n	m	ng	l						
パッチム	ㄴ	ㅁ	ㅇ	ㄹ						
	k			t					p	
	ㄱ, ㅋ, ㄲ			ㄷ, ㅌ, ㅅ, ㅆ, ㅈ, ㅊ, ㅎ					ㅂ, ㅍ	

Point!

2つの子音が並んだパッチムもある！

パッチムのなかには2つの**子音**が並ぶものもあり、それを二重パッチムといいます。二重パッチムは基本的に片方の**子音**だけを発音しますが、どちら側を発音するかは単語が出てきたらその都度発音を覚えるようにしましょう。

（ タク ）

子音	母音
t	a

닭
二重パッチム

（ タ ）（ ク ）（ タク ）
ta + k + tak
ニワトリ

← 2つの子音が並ぶパッチム

パッチムがある単語を書いてみよう！

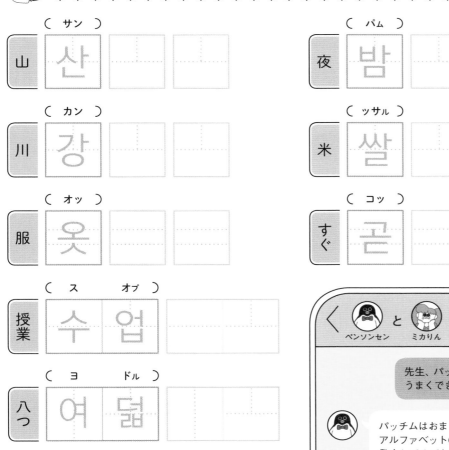

山 （ サン ）산

川 （ カン ）강

服 （ オッ ）옷

授業 （ ス　オプ ）수업

八つ （ ヨ　ドル ）여덟

夜 （ パム ）밤

米 （ ッサル ）쌀

すぐ （ コッ ）곧

ペンソンセン と ミカりん の Chat Room

先生、パッチムの発音がうまくできないよ〜！

パッチムはおまけの子音だからアルファベットの音を意識して発音してみてね！

73

Part 3-7 韓国語の発音ルール①

連音化を覚えよう

ハングルを滑らかに読むために、発音の法則を学びましょう。

Point!

音がくっついて発音される連音化！

ハングルは表記通りの音と、実際に発音される音が異なる場合があります。たとえば、前の単語の**子音**と、後に続く単語の**母音**がくっついて発音されます。これを連音化（れんおんか）といいます。

ルール① 連音化のしくみを覚えよう！

パッチムの後に無音の**子音ㅇ**が続く場合、パッチムと**母音**がくっついて発音されます。パッチムが ㄱ、ㄷ、ㅂ、ㅈの場合は有声音化（ゆうせいおんか）（→P38）します。

例 단어
（単語）

1文字ずつ発音すると「タン」「オ」となります。

そのまま読むと
（ タン　オ ）

連音化する部分

단のパッチムㄴ [n]と続く無音の子音ㅇがくっつく

くっつく！

パッチムㄴと母音の어が너になるよ！

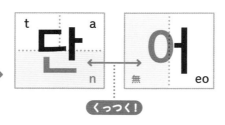

実際の発音
（ タ　ノ ）

2つの文字を続けて読むと「タノ」と発音されます。

また、二重パッチム（→P73）の後に**子音o**が続く場合、右側の**子音**が連音化され、2つとも発音されます。パッチムoは連音化しないので、注意しましょう。

例
チョルムニ
젊은이
（ 若者 ）

そのまま読むと ▶

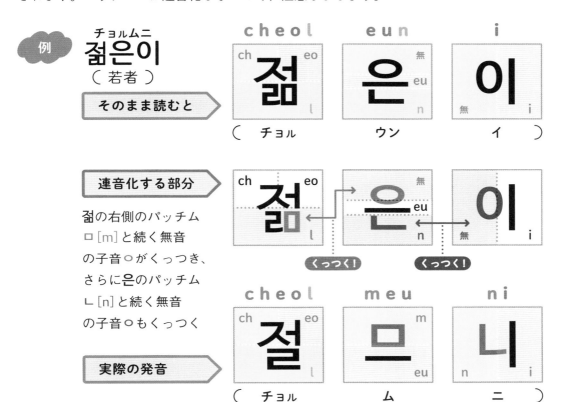

連音化する部分 ▶

젊の右側のパッチム
ㅁ[m]と続く無音
の子音oがくっつき、
さらに은のパッチム
ㄴ[n]と続く無音
の子音oもくっつく

実際の発音 ▶

 発音しながら単語を書いてみよう！

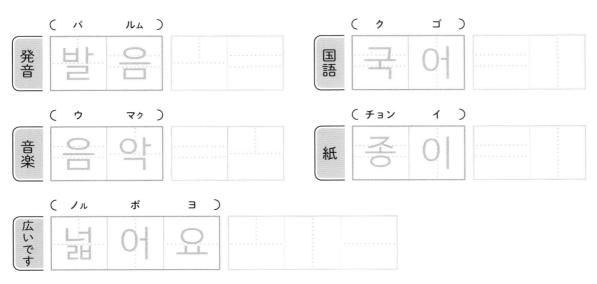

発音 （ パ　ルム ）
발음

音楽 （ ウ　マク ）
음악

国語 （ ク　ゴ ）
국어

紙 （ チョン　イ ）
종이

広いです （ ノル　ボ　ヨ ）
넓어요

Part
3-8 韓国語の発音ルール②

濃音化を覚えよう

濃音の発音を思い出しながら発音の法則を学びましょう。

Point!

語中でも音が**濁らなくなる**濃音化！

ハングルは隣り合う文字によって、後ろに続く**子音**が濃音（→P69）に変化して発音する場合があります。これを濃音化といいます。

 ルール② 濃音化のしくみを覚えよう！

[k]、[t]、[p]の音で発音されるパッチムの後に**子音** ㄱ、ㄷ、ㅂ、ㅅ、ㅈが続くと、それぞれ濃音ㄲ、ㄸ、ㅃ、ㅆ、ㅉに変化して発音されます。

例 ハクッキョ
학교
（学校）

そのまま読むと

（ ハク   キョ ）

1文字ずつ読むと「ハク」「キョ」となります。

濃音化する部分

학のパッチムㄱ[k]と
교の子音ㄱ[k]が
濃音化する

濃音化

濃音化によって子音のㄱ、ㄷ、ㅂ、ㅈは語中でも濁らなくなるよ！

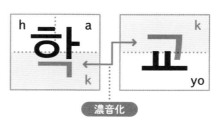

実際の発音

（ ハク   ッキョ ）

2つの文字を続けて読むと、2文字目の子音ㄱが濃音ㄲになり、「ハクッキョ」と発音されます。

また、漢字が元になっている単語（漢字語）（→P109）で、パッチムㄹの後に**子音ㄷ、ㅅ、ㅈ**が続くと、それぞれ濃音ㄸ、ㅆ、ㅉに変化して発音されます。

 例

チョルット
철도
（ 鉄道 ）

そのまま読むと

cheol　　to

（　チョル　　　　ト　　）

1文字ずつ読むと「チョル」「ト」となります。

濃音化する部分

철のパッチムㄹ[l]と
도の子音ㄷ[t]が
濃音化する

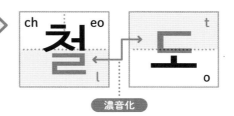
ch　eo　　　　　t

철　　→　도
l　　　　　　　o

濃音化

漢字語はパッチムㄹの
後ろの子音が
ㄷ、ㅅ、ㅈのときだけ
濃音化するよ！

実際の発音

 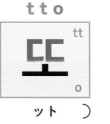
cheol　　tto

철　　또

（　チョル　　　ット　）

2つの文字を続けて読むと、2文字目の子音ㄷが濃音ㄸになり、「チョルット」と発音されます。

 発音しながら単語を書いてみよう！

（ チャプ　　ッチ ）

雑誌　잡지

（ チャク　　ッカ ）

作家　작가

（ テク　　ッシ ）

タクシー　택시

（ クク　　ッパプ ）

クッパ　국밥

（ イル　　ッチョン ）

日程　일정

（ チュル　　ッソク ）

出席　출석

Part 3-9 韓国語の発音ルール③

激音化を覚えよう

激音の発音を思い出しながら発音の法則を学びましょう。

Point!

ㅎパッチムによって音が変化する激音化！

ハングルは隣り合う文字によって、**子音**が激音（→P68）に変化して発音する場合があります。これを激音化といいます。

ルール③ 激音化のしくみを覚えよう！

[k]、[t]、[p]で発音されるパッチムの後に**子音ㅎ**が続くと、それぞれ激音ㅋ、ㅌ、ㅍに変化して発音されます。ただし、パッチムㅅはㅊになります。

例 **イパク**
입학
（入学）

そのまま読むと ▶

ip hak

（ イプ ハク ）

1文字ずつ読むと「イプ」「ハク」となります。

激音化する部分 ▶

입のパッチムㅂ[p]と학の子音ㅎ[h]が激音化する

激音化

パッチムㅂとㅎが合わさってㅍになるよ！

実際の発音 ▶

i pak

（ イ パク ）

2つの文字を続けて読むと、1文字目のパッチムㅂが激音ㅍになり、「イパク」と発音されます。

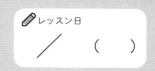

また、パッチム ㅎ の後に**子音 ㄱ、ㄷ、ㅈ**が続くと、それぞれ激音の ㅋ、ㅌ、ㅊ に変化して発音されます。

例 **チョタ 좋다**（よい）

そのまま読むと
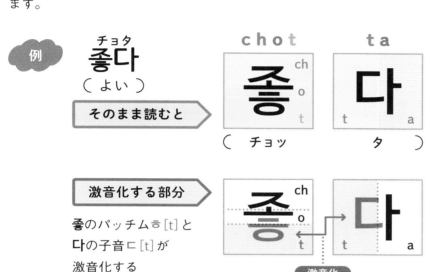

1文字ずつ読むと「チョッ」「タ」となります。

激音化する部分
좋のパッチム ㅎ[t] と 다の子音 ㄷ[t] が激音化する

子音ㅎとㄷが合わさって ㅌ になるよ！

実際の発音

2つの文字を続けて読むと、2文字目の子音 ㄷ が激音 ㅌ になり「チョタ」と発音されます。

 発音しながら単語を書いてみよう！

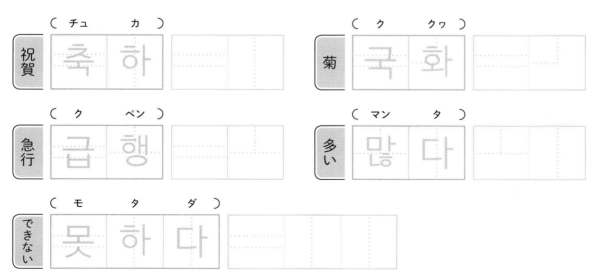

祝賀 （ チュ カ ）
菊 （ ク クヮ ）
急行 （ ク ペン ）
多い （ マン タ ）
できない （ モ タ ダ ）

Part 3 ひらがなにはない韓国語を書いてみよう

79

Part 3-10 韓国語の発音ルール④

鼻音化を覚えよう

パッチムや子音が鼻音に変化する法則を学びましょう。

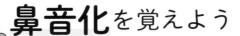

Point! パッチムが「ン」で発音される鼻音化！

ハングルは隣り合う文字によって、パッチムや**子音**が鼻にかかったような「ン」の音や、**子音**の
ㄴに変化して発音する場合があります。これを鼻音化といいます。

 ## ルール④ 鼻音化のしくみを覚えよう！

[k]、[t]、[p]の音で発音されるパッチムの後に**子音**ㄴ、ㅁが続くと、パッチム [k] はㅇ、パッチム
[t] はㄴ、パッチム [p] はㅁに変化して発音されます。

 例 **学년** （ハンニョン）
（学年）

そのまま読むと

h a k
학
(ハク)

n y e o n
년
(ニョン)

1文字ずつ読むと「ハク」
「ニョン」となります。

鼻音化する部分

鼻音化

学のパッチムㄱ[k]に
년の子音ㄴ[n]が続くと
ㄱが鼻音化する

1文字目のパッチム
ㄱがㅇの鼻音に
変化するよ！

実際の発音

h a n g
항
(ハン)

n y e o n
년
(ニョン)

2つの文字を続けて読む
と「ハンニョン」と発音
されます。

80

また、パッチムロ、Oの後に子音ㄹが続くと、ㄴに変化して発音されます。パッチム[k]、[t]、[p]の後に子音ㄹが続く場合も、パッチムはそれぞれO、ㄴ、ㅁに変化し、続く子音ㄹがㄴに変化して発音されます。

 シムニ
심리
（ 心理 ）

そのまま読むと

（　　シム　　　　　リ　　）

1文字ずつ読むと「シム」「リ」となります。

鼻音化する部分

심のパッチム口[m]に리の子音ㄹ[r]が続くとㄹが鼻音化する

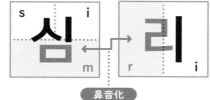
鼻音化

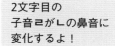
2文字目の子音ㄹがㄴの鼻音に変化するよ！

実際の発音

（　　シム　　　　　ニ　　）

2つの文字を続けて読むと、「シムニ」と発音されます。

Part 3 ひらがなにはない韓国語を書いてみよう

発音しながら単語を書いてみよう！

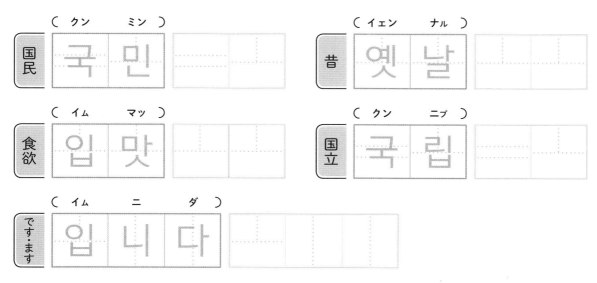

3

ハングルで書いてみよう③

発音に注意しながら韓国語の単語を書いてみましょう。

 ハングルで韓国語の**曜日**を書いてみよう！

月曜日	(ウォ リョ イル) 월 요 일		
火曜日	(フヮ ヨ イル) 화 요 일		
水曜日	(ス ヨ イル) 수 요 일		
木曜日	(モ ギョ イル) 무 요 일		
金曜日	(ク ミョ イル) 금 요 일		
土曜日	(ト ヨ イル) 토 요 일		
日曜日	(イ リョ イル) 일 요 일		

ハングルで**趣味**を書いてみよう！

読書	(トク ッソ) 독 서			

旅行	(ヨ ヘン) 여 행			

写真	(サ ジン) 사 진			

映画	(ヨン フヮ) 영 화			

野球	(ヤ グ) 야 구			

サッカー	(チュク ック) 축 구			

水泳	(ス ヨン) 수 영			

キャンプ	(ケム プ) 캠 프			

登山	(トゥン サン) 등 산			

ひらがなにはない**韓国語**を書いてみよう

チョアヨ
좋아요
ハングル
4

スマホでハングルを入力してみよう

ハングルのキーボードを設定して、自分の名前や覚えた単語をスマートフォンで入力してみましょう。

ハングルのキーボードで文字を入力してみよう！

スマートフォンでハングルのキーボードを設定する方法と、文字の入力方法を紹介します。Androidは機種によって設定が異なるため、注意しましょう。

❶キーボードを設定する順序

iPhone 　設定 → 一般 → キーボード → 新しいキーボードを追加 → 韓国語 → 標準 or 10キー

Android 　設定 → 一般 → システム → 言語と入力 → 仮想キーボード →
　　　　　　→キーボードを管理 → 韓国語

※韓国語キーボードが内蔵されていない場合は
キーボードアプリ「Gboard」を追加しましょう。

❷入力方法　　例 アンニョン 안녕　こんにちは

標準／Bulsik	10キー
パソコンのキーボードのように、左側に子音、右側に母音が並んでいます。濃音や複合母音を入力するときは、左下の矢印を押してから基本子音をタップします。	1段目が母音、2〜3段目が子音です。母音はP18で紹介した天「・」、地「ー」、人「｜」を表していて、例えば「｜」「・」と入力すると「　」になります。

実際に文字を書くのと同じ順番で子音と母音を入力します。キーボード上の番号を参考に入力してみましょう。

同じ子音が続く場合は「간격（間隔）」キーかスペースを入力します。母音のヨコ棒は本数分「・」をタップします。

84

すぐに使える
韓国語の単語を
書いてみよう

韓国の芸能人の名前や料理の名前などを韓国語で
書いてみましょう。発音にも注目しましょう。

Part 4-1 韓国語で**俳優やアイドルの名前**を書けるようになる

韓国の人気芸能人の名前を書いてハングルに慣れ親しみましょう。

人の名前にはパッチムがよく使われるね。バランスよく書いてみよう！

韓国の苗字にも注目しながら練習すると勉強になるね！

男優

●キム・スヒョン
(キム ス ヒョン)
김 수 현

●イ・ミンホ
(イ ミ ノ)
이 민 호

●パク・ボゴム
(パク ボ ゴム)
박 보 검

●ソン・ジュンギ
(ソン ジュン ギ)
송 중 기

●パク・ソジュン
(パク ソ ジュン)
박 서 준

●ヒョンビン
(ヒョン ビン)
현 빈

女優

●ソン・イェジン
(ソ ニェ ジン)
손 예 진

●ハン・ジミン
(ハン ジ ミン)
한 지 민

●チャン・ナラ
(チャン ナ ラ)
장 나 라

●パク・シネ
(パク シ ネ)
박 신 혜

●キム・ゴウン
(キム ゴ ウン)
김 고 은

●ペ・スジ
(ペ ス ジ)
배 수 지

86

アイドル

●BTS（防弾少年団）
（ パン　　タン　　ソ　　ニョン　　ダン ）

방 탄 소 년 단

●TWICE
（ トゥ　　ワ　　イ　　ス ）

트 와 이 스

●BLACKPINK
（ プル　　レク　　ピン　　ク ）

블 랙 핑 크

●EXO
（ エク　　ッソ ）

엑 소

●SHINee
（ シャ　　イ　　ニ ）

샤 이 니

●TOMORROW X TOGETHER
（ トゥ　　モ　　ロ　　ウ　　バ　　イ　　トゥ　　ゲ　　ド ）

투 모 로 우 바 이 투 게 더

●SEVENTEEN
（ セ　　ブン　　ティン ）

세 븐 틴

●NCT
（ エン　　シ　　ティ ）

엔 시 티

●TREASURE
（ トゥ　　レ　　ジョ ）

트 레 저

●ENHYPEN
（ エ　　ナ　　イ　　プン ）

엔 하 이 픈

●ITZY
（ イッ　　ジ ）

있 지

チョアヨ！
좋아요！
いいね！

87

韓国語で**K-POP用語**が書けるようになる

K-POPアイドルを応援するときに欠かせない用語を書いてみましょう。

これをマスターできたら応援するのがもっと楽しくなるね。

書けるようになったら推しに手紙を送ってみようかな。がんばろう！

基本の用語

●アイドル
（ ア　イ　　　ドル ）
아 이 돌

●ファン
（ ペン ）
팬

●推し（最愛）
（ チュェ　　エ ）
최 애

●歌
（ ノ　　レ ）
노 래

●応援
（ ウン　　ウォン ）
응 원

●振り付け
（ アン　　ム ）
안 무

●音源チャート
（ ウ　　ムォン　チャ　トゥ ）
음 원 차 트

●ファンクラブ
（ ペン　　クル　ロブ ）
팬 클 럽

●オーディション
（ オ　　ディ　ション ）
오 디 션

●ペンライト
（ ウン　ウォン　ボン ）
응 원 봉

●音楽番組
（ ウ　　マク　ッパン　ソン ）
음 악 방 송

●カムバック
（ コム　　ベク ）
컴 백

●サイン会
（ サ　　イン　フェ ）
사 인 회

活動の用語

- デビュー （ デ　ブィ ）　데 뷔
- ティーザー （ ティ　ジョ ）　티 저
- 新曲 （ シン　ゴク ）　신 곡
- ヒット曲 （ ヒ　トゥ　ゴク ）　히 트 곡
- コンサート （ コン　ソ　トゥ ）　콘 서 트
- ファンミーティング （ ペン　ミ　ティン ）　팬 미 팅
- 日本デビュー （ イル　デ ）　일 데

応援の言葉

- ファイト （ フヮ　イ　ティン ）　화 이 팅
- 最高 （ チュエ　ゴ ）　최 고
- 愛してる （ サ　ラン　ヘ ）　사 랑 해
- がんばれ （ ヒム　ネ ）　힘 내
- かわいい （ クィ　ヨ　ウォ ）　귀 여 워
- おつかれさま （ ス　ゴ　ヘッ　ソ ）　수 고 했 어
- 大ヒットさせよう （ テ　バン　ナ　ジャ ）　대 박 나 자
- 1位おめでとう （ イ　ルィ　チュ　カ　ヘ ）　1 위 축 하 해

すぐに使える**韓国語の単語**を書いてみよう

Part 4

韓国語で**ドラマや映画のタイトル**が書けるようになる

定番の韓国ドラマや人気映画のタイトルを書いてみましょう。

韓国語の題名と邦題の翻訳を
比べてみるのも勉強になるね！

観たことのない作品があったら
勉強の合間にチェックしてみよう。

ドラマ

●愛の不時着

(サ　ラン　エ　プル　シ　チャク)

사 랑 의 불 시 착

●ヴィンチェンツォ

(ビン　セン　ジョ)

반 센 조

●梨泰院クラス

(イ　テ　ウォン　クル　ラ　ッス)

이 태 원 클 라 쓰

●トッケビ〜君がくれた愛しい日々〜

(ト　ッケ　ビ)

도 깨 비

●サイコだけど大丈夫

(サ　イ　コ　ジ　マン　クェン　チャ　ナ)

사 이 코 지 만 괜 찮 아

●キム秘書はいったい、なぜ？

(キム　ピ　ソ　ガ　ウェ　グ　ロル　ッカ)

김 비 서 가 왜 그 럴 까

映画

●パラサイト 半地下の家族
（　キ　　　セン　　　チュン　）

●ミッドナイト・ランナー
（　チョン　　ニョン　　キョン　　チャル　）

●エクストリーム・ジョブ
（　ク　　　カン　　　チ　　　ゴプ　）

●新感染 ファイナル・エクスプレス
（　プ　　　サ　　　ネン　）

●82年生まれ、キム・ジヨン
（パルシビ　ニョン　　セン　　キム　　ジ　　　ヨン　）

●哭声／コクソン
（　コク　　ッソン　）

●ビューティー・インサイド
（　ビュ　　ティ　　イン　　サ　　イ　　ドゥ　）

●The Witch／魔女
（　マ　　ニョ　）

●建築学概論
（　コン　　チュ　　カク　　ッケ　　ロン　）

Part 4

すぐに使える**韓国語の単語**を書いてみよう

Part 4-4 韓国語で**食べ物の名前**が書けるようになる

Tr. 33

代表的な韓国料理や飲み物の名前を書いてみましょう。

これで韓国旅行をしたとき
メニューを読めるようになるね！

書きながら声に出して
注文の練習をしてみよう♪

韓国料理

●サムギョプサル
（ サム　ギョプ　ッサル ）
삼 겹 살

●ビビンバ
（ ピ　ビム　ッパプ ）
비 빔 밥

●サムゲタン
（ サム　ゲ　タン ）
삼 계 탕

●トッポギ
（ ットク　ッポッ　キ ）
떡 볶 이

●タッカルビ
（ タク　ッカル　ビ ）
닭 갈 비

●韓定食
（ ハン　ジョン　シク ）
한 정 식

●ヤンニョムチキン
（ ヤン　ニョム　チ　キン ）
양 념 치 킨

●韓国式みそ汁
（ トゥエン　ジャン　グク ）
된 장 국

●冷麺
（ ネン　ミョン ）
냉 면

●キムチチゲ
（ キム　チ　ッチ　ゲ ）
김 치 찌 개

●カンジャンケジャン
（ カン　ジャン　ゲ　ジャン ）
간 장 계 장

そのほかの料理

● スープ
（ ス　プ ）
수 프

● サラダ
（ セル　ロ　ドゥ ）
샐 러 드

● パスタ
（ パ　ス　タ ）
파 스 타

● ハンバーガー
（ ヘム　ボ　ゴ ）
햄 버 거

● ラーメン
（ ラ　ミョン ）
라 면

● 餃子
（ マン　ドゥ ）
만 두

● パン
（ ッパン ）
빵

飲み物

● 緑茶
（ ノク　チャ ）
녹 차

● 麦茶
（ ポ　リ　チャ ）
보 리 차

● トウモロコシ茶
（ オク　ス　ス　チャ ）
옥 수 수 차

● 水
（ ムル ）
물

● 焼酎
（ ソ　ジュ ）
소 주

● ビール
（ メク　ッチュ ）
맥 주

● マッコリ
（ マク　ッコル　リ ）
막 걸 리

● ワイン
（ ワ　イン ）
와 인

● コーヒー
（ コ　ピ ）
커 피

● コーラ
（ コル　ラ ）
콜 라

● サイダー
（ サ　イ　ダ ）
사 이 다

Part 4

すぐに使える**韓国語の単語**を書いてみよう

93

Part 4-5 韓国語で**ファッションや**
コスメ用語が書けるようになる

ショッピングに欠かせないファッションやコスメの用語を練習しましょう。

コスメ用語は日本語と同じ言葉も多いね。すぐ覚えられそう！

ショッピングをするときに役立ちそうだね！

衣類・身に着けるもの

●Tシャツ
（ ティ　ショ　チュ ）
티 셔 츠

●セーター
（ ス　ウェ　ト ）
스 웨 터

●ワンピース
（ ウォン　ピ　ス ）
원 피 스

●ズボン
（ パ　ジ ）
바 지

●スカート
（ チ　マ ）
치 마

●半袖
（ パン　パル ）
반 팔

●長袖
（ キン　パル ）
긴 팔

●パジャマ
（ チャ　モッ ）
잠 옷

●下着
（ ソ　ゴッ ）
속 옷

●靴下
（ ヤン　マル ）
양 말

●靴
（ シン　バル ）
신 발

●カバン
（ カ　バン ）
가 방

●マフラー
（ モク　ット　リ ）
목 도 리

ファイト！　フヮイティン！
화이팅!

アクセサリー

●指輪
（　パン　　　ジ　）
반지

●ネックレス
（　モク　　　ッコ　　　リ　）
목걸이

●ピアス
（　クィ　　　ゴ　　　リ　）
귀걸이

スキンケア

●化粧水
（　ト　　　ノ　）
토너

●乳液
（　ロ　　　ション　）
로션

●美容液
（　セ　　　ロム　）
세럼

●日焼け止め
（　ソン　　　ク　　　リム　）
선크림

コスメ

●ファンデーション
（　パ　　　ウン　　　デ　　　イ　　　ション　）
파운데이션

●マスカラ
（　マ　　　ス　　　カ　　　ラ　）
마스카라

●口紅
（　リプ　　　ッス　　　ティク　）
립스틱

●アイシャドウ
（　ア　　　イ　　　シェ　　　ド　　　ウ　）
아이섀도우

●チーク
（　ブル　　　ロ　　　ショ　）
블러셔

●アイライナー
（　ア　　　イ　　　ラ　　　イ　　　ノ　）
아이라이너

Part 4 すぐに使える**韓国語の単語**を書いてみよう

韓国語で**身の回りの物の名前**が書けるようになる

持ち物や家電など身近にある物の名前を書いてみましょう。

いつも使っている物の
韓国語がわかるとうれしくなるね！

日本語と発音が似てる
単語も多いんだね♪

家の中の物

●机	●椅子	●ソファ	●パソコン
（ チェク　ッサン ）	（ ウィ　ジャ ）	（ ソ　パ ）	（ コム　ピュ　ト ）
책 상	의 자	소 파	컴 퓨 터

●テレビ	●電気	●カーテン	●冷蔵庫
（ ティ　ビ ）	（ チョン　ギ ）	（ コ　トゥン ）	（ ネン　ジャン　ゴ ）
티 비	전 기	커 튼	냉 장 고

●エアコン	●掃除機	●トイレ
（ エ　オ　コン ）	（ チョン　ソ　ギ ）	（ フワ　ジャン　シル ）
에 어 컨	청 소 기	화 장 실

●シャワー	●床暖房	●電子レンジ
（ シャ　ウォ ）	（ オン　ドル ）	（ チョン　ジャ　レ　イン　ジ ）
샤 워	온 돌	전 자 레 인 지

✏ レッスン日　　／　　（　　）

持ち物

●薬 （ ヤク ）
약

●財布 （ チ　ガプ ）
지 갑

●現金 （ ヒョン　グム ）
현 금

●クレジットカード （ シ　ニョン　カ　ドゥ ）
신 용 카 드

●交通カード （ キョ　トン　カ　ドゥ ）
교 통 카 드

●ハンカチ （ ソン　ス　ゴン ）
손 수 건

●ティッシュ （ ヒュ　ジ ）
휴 지

●携帯電話 （ ヘン　ドゥ　ポン ）
핸 드 폰

●ポーチ （ パ　ウ　チ ）
파 우 치

●マスク （ マ　ス　ク ）
마 스 크

●傘 （ ウ　サン ）
우 산

●充電器 （ チュン　ジョン　ギ ）
충 전 기

아싸!
アッサ！
やった！

文房具

●鉛筆 （ ヨン　ピル ）
연 필

●ボールペン （ ポル　ペン ）
볼 펜

●消しゴム （ チ　ウ　ゲ ）
지 우 개

●ノート （ ノ　トゥ ）
노 트

Part 4

すぐに使える**韓国語の単語**を書いてみよう

Part 4-7 韓国語で**家族や人の呼び名**が書けるようになる

Tr. 36

「私」などの一人称や身近な人の呼び方を書いてみましょう。

韓国語で「私」「僕」「俺」はすべて「저」（チョ）を使うよ。覚えやすいね！

「お兄さん」「お姉さん」は呼ぶ側の性別によって名称が変わるよ！

家族の呼び方

●家族
（ カ　ジョク ）
가 족

●お父さん
（ ア　ッパ ）
아 빠

●お母さん
（ オム　マ ）
엄 마

●夫
（ ナム　ピョン ）
남 편

●妻
（ ア　ネ ）
아 내

●祖父
（ ハ　ラ　ボ　ジ ）
할 아 버 지

●祖母
（ ハル　モ　ニ ）
할 머 니

●兄弟
（ ヒョン　ジェ ）
형 제

●姉（男性が呼ぶとき）
（ ヌ　ナ ）
누 나

●姉（女性が呼ぶとき）
（ オン　ニ ）
언 니

●兄（男性が呼ぶとき）
（ ヒョン ）
형

●兄（女性が呼ぶとき）
（ オ　ッパ ）
오 빠

●妹
（ ヨ　ドン　セン ）
여 동 생

●弟
（ ナム　ドン　セン ）
남 동 생

98

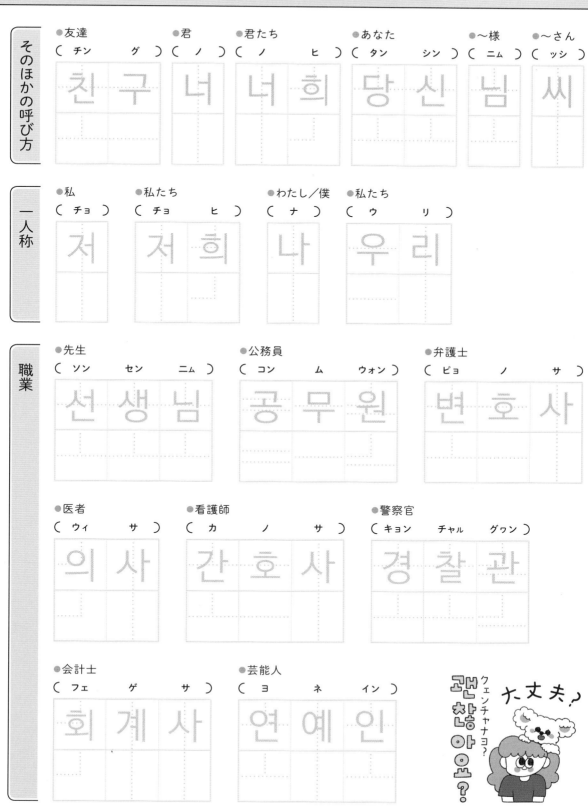

そのほかの呼び方

- 友達（ チン　　グ ）친구
- 君（ ノ ）너
- 君たち（ ノ　　ヒ ）너희
- あなた（ タン　　シン ）당신
- ～様（ ニム ）님
- ～さん（ ッシ ）씨

一人称

- 私（ チョ ）저
- 私たち（ チョ　　ヒ ）저희
- わたし／僕（ ナ ）나
- 私たち（ ウ　　リ ）우리

職業

- 先生（ ソン　　セン　　ニム ）선생님
- 公務員（ コン　　ム　　ウォン ）공무원
- 弁護士（ ピョ　　ノ　　サ ）변호사
- 医者（ ウィ　　サ ）의사
- 看護師（ カ　　ノ　　サ ）간호사
- 警察官（ キョン　　チャル　　グヮン ）경찰관
- 会計士（ フェ　　ゲ　　サ ）회계사
- 芸能人（ ヨ　　ネ　　イン ）연예인

Part 4

すぐに使える**韓国語の単語**を書いてみよう

大丈夫？　クェンチャナヨ？　괜찮아요?

99

Part 4-8 韓国語で**地名や場所の名前**が書けるようになる

韓国の地名や世界の国々の名前を書いてみましょう。

観光名所のハングルを覚えておけば旅行がもっと楽しくなるね♪

「アメリカ」と「イギリス」は漢字の「米国」「英国」が元になってるよ！

韓国の地名

●韓国
（ ハン　グク ）

●ソウル
（ ソ　ウル ）

●釜山
（ プ　サン ）

●全州
（ チョン　ジュ ）

●蔚山
（ ウル　サン ）

●大邱
（ テ　グ ）

●光州
（ クヮン　ジュ ）

●済州島
（ チェ　ジュ　ド ）

ソウルの観光スポット

●明洞
（ ミョン　ドン ）

●弘大
（ ホン　デ ）

●江南
（ カン　ナム ）

●景福宮
（ キョン　ボク　ックン ）

●東大門市場
（ トン　デ　ムン　シ　ジャン ）

●ソウルタワー
（ ソ　ウル　タ　ウォ ）

한국　서울　부산　전주

울산　대구　광주　제주도

명동　홍대　강남　경복궁

동대문시장　서울타워

Tr.
37

施設や建物

●免税店
（ ミョン　セ　ジョム ）
면 세 점

●百貨店
（ ペ　クヮ　ジョム ）
백 화 점

●コンビニ
（ ピョ　ニ　ジョム ）
편 의 점

●カフェ
（ カ　ペ ）
카 페

●飲食店
（ ウム　シク　ッチョム ）
음 식 점

●両替所
（ フヮン　ジョン　ソ ）
환 전 소

●警察署
（ キョン　チャル　ッソ ）
경 찰 서

●病院
（ ピョン　ウォン ）
병 원

●郵便局
（ ウ　チェ　グク ）
우 체 국

世界の国々

●アメリカ
（ ミ　グク ）
미 국

●イギリス
（ ヨン　グク ）
영 국

●中国
（ チュン　グク ）
중 국

●ロシア
（ ロ　シ　ア ）
러 시 아

●フランス
（ プ　ラン　ス ）
프 랑 스

●イタリア
（ イ　タル　リ　ア ）
이 탈 리 아

●ドイツ
（ ト　ギル ）
독 일

Tr. 38

韓国語で**あいさつ**が書けるようになる

初対面の人へのあいさつや別れ際に使う表現を書いてみましょう。

様々な場面で使われる
あいさつの言葉を覚えよう！

このフレーズを覚えておけば
実際の場面でも役に立つね♪

出会いのあいさつ

● おはよう。（こんにちは。こんばんは。）

(アン　ニョン　ハ　セ　ヨ　？)

안 녕 하 세 요 ?

アンニョンハセヨ
안녕하세요?
は朝昼晩
いつでも使える
あいさつだよ！

● はじめまして。

(チョ　ウム　プェプ　ケッ　スム　ニ　ダ)

처 음 뵙 겠 습 니 다 .

● お久しぶりです。

(オ　レ　ガン　マ　ニ　エ　ヨ)

오 래 간 만 이 에 요 .

● よろしくお願いします。

(チャル　プ　タ　カム　ニ　ダ)

잘 부 탁 합 니 다 .

韓国語は文の最後に
ピリオドをつけるよ。
左側に寄せて書こう！

食事のあいさつ

● いただきます。
（ チャル　　　モク　　　ッケッ　　　スム　　　ニ　　　　ダ ）

잘 먹 겠 습 니 다 .

● ごちそうさまでした。
（ チャル　　　モ　　　ゴッ　　　スム　　　ニ　　　　ダ ）

잘 먹 었 습 니 다 .

別れのあいさつ

● さようなら。（その場から立ち去る場合）
（ アン　　　ニョン　　　ヒ　　　ケ　　　セ　　　ヨ ）

안 녕 히 계 세 요 .

● また明日。
（ ネ　　　イル　　　ボァ　　　ヨ ）

내 일 봐 요 .

● お気をつけて。
（ チョ　　　シ　　　ミ　　　カ　　　セ　　　ヨ ）

조 심 히 가 세 요 .

韓国でも
食事の前後に
あいさつするよ！

自分がその場に
残る場合は
アンニョンヒ カセヨ
안녕히 가세요.
というよ。

チョアヨ！
좋아요!
いいね！

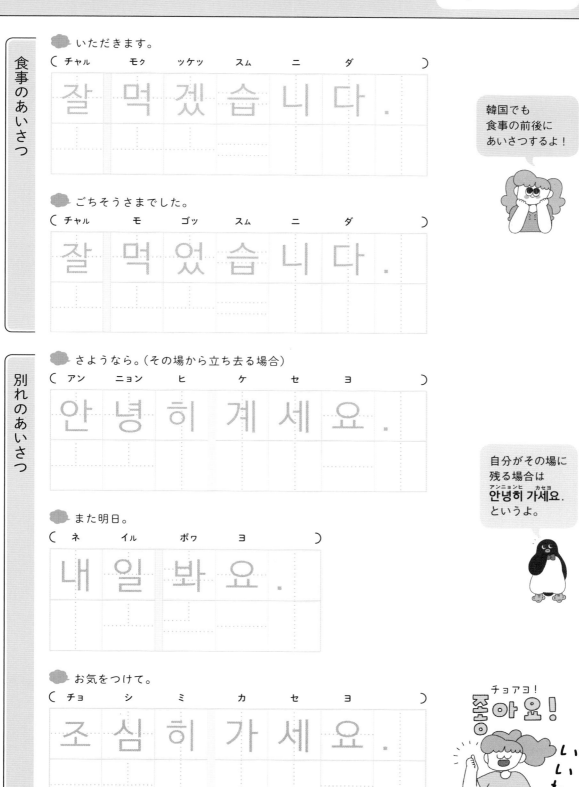

103

Part 4-10 韓国語で**返事やお礼・お詫びの**フレーズが書けるようになる

Tr. 39

返事や「ありがとう」「ごめん」などの基本的な表現を書いてみましょう。

 韓国では目上の人や初対面の人には丁寧な表現を使おう！

話す相手によって言葉を使い分けるのは日本語と似ているね！

返事とあいづち

● はい。
(イェ)

예.

● はい。
(ネ)

네.

● うん（タメ口）。
(ウン)

응.

 예.は네.よりもかしこまった表現だよ！

● いいえ（違います）。
(ア ニ エ ヨ)

아 니 에 요.

● いいえ。
(ア ニョ)

아 뇨.

● そうです。
(ク レ ヨ)

그 래 요.

● わかりました。
(アル ゲッ ソ ヨ)

알 겠 어 요.

● よくわかりません。
(チャル モ ル ゲッ ソ ヨ)

잘 모 르 겠 어 요.

 ほかにも**그럼요**. クロムニョ「もちろんです。」というあいづちもあるよ！

丁寧な表現と
タメ口の違いは
P109で紹介してるよ♪

Part **4**

すぐに使える**韓国語の単語**を書いてみよう

お礼のフレーズ

● ありがとうございます。

（ カム　　サ　　ハム　　ニ　　ダ ）

감 사 합 니 다 .

● ありがとうございます。

（ コ　　マ　　ウォ　　ヨ ）

고 마 워 요 .

● ありがとう（タメ口）。

（ コ　　マ　　ウ ）

고 마 워 .

● どういたしまして。

（ チョン　　マ　　ネ　　ヨ ）

천 만 에 요 .

よくできました！

잘 했어요!

チャレッンヨ！

お詫びのフレーズ

● 申し訳ありません。

（ チュェ　　ソン　　ハム　　ニ　　ダ ）

죄 송 합 니 다 .

● すみません。

（ ミ　　ア　　ネ　　ヨ ）

미 안 해 요 .

● ごめん（タメ口）。

（ ミ　　ア　　ネ ）

미 안 해 .

ハングルでSNSを楽しもう

좋아요 ハングル (チョアヨ)

SNSでよく使われる用語を紹介します。音や顔の表情、単語の子音だけを表したものなど、ユニークな用語がたくさんあります。

SNSでハングルを使いこなそう！

韓国語にはハングルの子音や母音を使ったユニークなSNS用語があります。仲のよい友達へのメッセージや、SNSで使ってみましょう。

ククク

ㅋㅋㅋ

日本語の「www」と同じ意味。数が多いほど楽しさやおもしろい様子を表します。

オキ

ㅇㅋ

「OK」という意味。韓国語の「오케이 (OK)」を略したものです。

フフフ／ホホホ

ㅎㅎㅎ

日本語の「(笑)」と同じ意味。「ㅋㅋㅋ」よりもやわらかな印象の笑いを表します。

カムサ

ㄱㅅ

「ありがとう」という意味。「감사 (感謝)」を略したものです。

ユユユ

ㅠㅠㅠ

日本語の「(泣)」と同じ意味。「ㅠ」は泣いている様子を表し、悲しさを表現します。

ウンウン

ㅇㅇ

「うん」という意味。返事やあいづちの「응」を略したものです。

 ペンソンセン と ミカりん の Chat Room

 ミカりん、「ㅁㅇ」ってどんな意味かわかる？ヒントはお詫びのフレーズだよ。

 えーっと、マン…？ミン…？ミア…？あれ、もしかして「ミアン」かな!?

 その通り！「ㅁㅇ」は「미안 (ごめん)」を略したSNS用語だよ！

 なるほど！ おもしろいね！

Part **5**

旅行やエンタメで
使えるフレーズを
書いてみよう

単語を入れ替えて使える、便利な韓国語のフレーズを
学習します。様々な場面で使ってみましょう。

韓国語の文は
日本語と語順が一緒！

日本語と似ている韓国語の特徴について学びましょう。

Point!

韓国語と日本語は共通点がたくさんある！

韓国語は日本語と似ている部分が多く、日本語話者にとって親しみやすい言語です。どんな共通点があるか、具体的に見ていきましょう。

 共通点 1 ## 日本語と語順がほぼ同じ

韓国語の語順は日本語とそっくりで、文法もよく似ています。一部例外はありますが、基本的に日本語と同じように語句を並べると意味が伝わります。

例

イリョイレ　　チングワ　　ヨンフヮルル　ポヮヨ
일요일에 친구와 영화를 봐요.
日曜日に　　友達と　　映画を　　見ます。

 일요일에 친구와 영화를 봐요.

 共通点 2 ## 「てにをは」のような助詞を使う

韓国語も日本語と同じように「〜は」「〜で」「〜を」のような助詞があります。語順も日本語とほぼ同じで、名詞の後につけて表します。

例

チョヌン　　ハクッキョエソ　　ハングゴルル　　ペウォヨ
저는 학교에서 한국어를 배워요.
私　は　　学校　で　　韓国語　を　　学びます。

 저는 학교에서 한국어를 배워요.

漢字が元になった単語が多い

共通点 **3**

韓国語の単語の約7割は漢字が元になっている「漢字語」です。そのため、日本語と発音が似ている単語がたくさんあります。発音しながら単語を書いてみましょう。

●家族　カジョク
가족

●約束　ヤクッソク
약속

●温度　オンド
온도

●気分　キブン
기분

●有料　ユリョ
유료

●無料　ムリョ
무료

●計算　ケサン
계산

●都市　トシ
도시

●運動　ウンドン
운동

丁寧語やタメ口の表現もある

共通点 **4**

韓国語もかしこまった丁寧語から、親しい間柄で使うタメ口表現があり、話し相手や場面によって使い分けます。ここでは主に使う3つの文体を比べてみましょう。

①ハムニダ体 フォーマルな場で使う丁寧な表現。	チュカハムニダ 축하합니다. おめでとうございます。	ミアナムニダ 미안합니다. すみません。
②ヘヨ体 ハムニダ体より打ち解けた丁寧な表現。	チュカヘヨ 축하해요. おめでとうございます。	ミアネヨ 미안해요. すみません。
③パンマル(タメ口) 親しい間柄で使うくだけた表現。	チュカヘ 축하해. おめでとう。	ミアネ 미안해. ごめん。

目上の人や初対面の人には必ず丁寧な表現を使うよ！

Part 5-2

Tr. 41

よく使う**助詞**や**指示詞**を覚えよう！

韓国語の文を作る基本の助詞や指示詞をマスターしましょう。

日本語と同じように使う**助詞**を**マスター**!!

ここでは韓国語の主な助詞を紹介します。一部の助詞は、前の名詞にパッチムがあるか、ないかによって使い分けるものがあるので注意しましょう。

	日本語の助詞	前の単語の最後にパッチムなし（例）		前の単語の最後にパッチムあり（例）	
パッチムの有無によって使い分ける助詞	〜は	는 ヌン	저는 チョヌン 私は	은 ウン	선생님은 ソンセンニムン 先生は
	〜が	가 ガ	친구가 チングガ 友達が	이 イ	사람이 サラミ 人が
	〜を	를 ルル	차를 チャルル 車を	을 ウル	집을 チブル 家を
	〜と	와 ワ	너와 나 ノワ ナ 君とわたし	과 クァ	밥과 국 パプックワ ククク ごはんとスープ
パッチムの有無に関係なく使える助詞	〜も	도 ド	어제도 オジェド 昨日も	/	오늘도 オヌルド 今日も
	〜に（場所・時間）	에 エ	학교에 ハクッキョエ 学校に	/	주말에 チュマレ 週末に
	〜に（人）	에게 エゲ	아버지에게 アボジエゲ 父に	/	여동생에게 ヨドンセンエゲ 妹に
	〜で（場所）	에서 エソ	회사에서 フェサエソ 会社で	/	서울에서 ソウレソ ソウルで
	〜から（場所）		도쿄에서 トキョエソ 東京から	/	일본에서 イルボネソ 日本から

110

Point!

「こそあど言葉」のような指示詞を覚えよう！

韓国語にも日本語の「こそあど言葉」にあたる指示詞があり、使い方もほとんど同じです。基本の指示詞をなぞって書いてみましょう。

こそあど言葉	指示詞					
こ	イ 이 この	이	イゴッ 이것 これ	이것	ヨギ 여기 ここ	여기
そ	ク 그 その	그	クゴッ 그것 それ	그것	コギ 거기 そこ	거기
あ	チョ 저 あの	저	チョゴッ 저것 あれ	저것	チョギ 저기 あそこ	저기
ど	オヌ 어느 どの	어느	オヌ ゴッ 어느 것 どれ	어느 것	オディ 어디 どこ	어디

 ## 実際に書いてみよう！

●この家
イ　チプ
이 집

●その日
ク　ナル
그 날

●あの服
チョ　オッ
저 옷

●どの本？
オヌ　チェク
어느 책？

●どの駅？
オヌ　ヨク
어느 역？

＜ ペンソンセン と ミカりん の Chat Room

先生、指示詞の順番が
うまく覚えられないなあ。

それなら「こそあど」みたいに
「イ・ク・チョ・オヌ」って
覚えておくと便利だよ！

なるほど！　わかりやすいね！

Part 5-3 便利なフレーズを覚えよう①

〜は…です

まずは基本の「〜です」という表現を学びましょう。

基本のフレーズ

私は日本人です。

チョヌン　　イルボン　　　サラミエヨ
저는 일본 사람이에요.

| 私 | は | 入れ替え単語 日本人 | です |

入れ替え単語と組み合わせていろんな文を作ってみよう！

文法解説

〜は…です。

ヌン　ウン　　　　　　　　　　　　エヨ　　　　イエヨ
〜는(은) [　　　] 예요(이에요).

パッチムあり　　　　　　　　　　　　　　　　パッチムあり

| 〜は | 入れ替え単語 | です |

「〜です」という表現は예요（이에요）を使って表します。名詞にパッチムがない場合は예요、ある場合は이에요をつけます。P110で学んだ助詞の「〜は」는（은）と合わせて使ってみましょう。また、語尾に？をつけると「〜ですか？」という疑問文になります。

入れ替え単語 入れ替えて文を作ろう

ハクッセン 학생 学生	フェサウォン 회사원 会社員	コンムウォン 공무원 公務員
ウィサ 의사 医者	カノサ 간호사 看護師	キョサ 교사 教師
ハングックッサラム 한국 사람 韓国人	チング 친구 友達	カジョク 가족 家族

チョアヨ！
좋아요！
いいね！

実際に書いてみよう！

観光

●韓国は初めてです。

ハンググン　　　　チョウミエヨ
한국은 처음이에요.

韓国 は 初めて です

●これはおみやげです。

イゴスン　　　　　ソンムリエヨ
이것은 선물이에요.

これ は おみやげ です

K-POP

●私はARMY（BTSのファン）です。

チョヌン　　　　アミエヨ
저는 아미예요.

私 は ARMY です

●明日はコンサートです。

ネイルン　　　　　コンソトゥエヨ
내일은 콘서트예요.

明日 は コンサート です

ドラマ

●彼は恋人です。

ク　サラムン　　　　　エイニエヨ
그 사람은 애인이에요.

彼 は 恋人 です

●今日はデートです。

オヌルン　　　　デイトゥエヨ
오늘은 데이트예요.

今日 は デート です

●あなたは最高です。

タンシヌン　　　　チュェゴエヨ
당신은 최고예요.

あなた は 最高 です

便利なフレーズを覚えよう②

～をください

注文などで使える依頼の表現を学びましょう。

基本のフレーズ

カバンをください。

カバンウル　チュセヨ
가방을 주세요.

入れ替え単語 カバン｜を｜ください

助詞の를（을）は
省略しても
意味が通じるよ！

文法解説

～をください。

ルル　ウル　チュセヨ
□ 를（을） 주세요.

パッチムあり

入れ替え単語｜を｜ください

「～をください」という表現は、주세요を使って表します。주세요は「ください」という意味で、注文や依頼の表現でよく使われます。名詞に続く助詞は、를（을）を使い、名詞にパッチムがない場合は를、ある場合は을をつけます。

入れ替え単語　入れ替えて文を作ろう	コプ 컵 コップ	ツパルッテ 빨대 ストロー	ムル 물 水
	ポントゥ 봉투 袋	ヨンスジュン 영수증 レシート	ミョンハム 명함 名刺
	ヨックォン 여권 パスポート	ヨルラクチョ 연락처 連絡先	サイン 사인 サイン

ファイト！ フワイティン！ 화이팅!

 ## 実際に書いてみよう！

観光

●パンフレットをください。

ペムプルリスル　　　チュセヨ
팸플릿을 주세요.

| パンフレット | を | ください |

●おつりをください。

コスルムットヌル　　　チュセヨ
거스름돈을 주세요.

| おつり | を | ください |

●お箸をください。

チョッカラグル　　　チュセヨ
젓가락을 주세요.

| 箸 | を | ください |

●スプーンをください。

スッカラグル　　　チュセヨ
숟가락을 주세요.

| スプーン | を | ください |

K-POP

●チケットをください。

ティケスル　　　チュセヨ
티켓을 주세요.

| チケット | を | ください |

●ポスターをください。

ポストルル　　　チュセヨ
포스터를 주세요.

| ポスター | を | ください |

●ペンライトをください。

ウンウォンボンウル　　　チュセヨ
응원봉을 주세요.

| ペンライト | を | ください |

Part 5-5 便利なフレーズを覚えよう③

Tr. 44

〜はありますか？

物や人の存在を尋ねる表現を学びましょう。

基本のフレーズ

化粧品はありますか？

ファジャンプミ　　イッソヨ
화장품이 있어요?

| 入れ替え単語 | 化粧品 | は | ありますか？ |

助詞の**가(이)**は
疑問文だと
「〜は」という意味で
使われるよ！

文法解説

〜はありますか？

ガ　　　イ　　　　　　イッソヨ
☐ **가(이) 있어요?**

パッチムあり

| 入れ替え単語 | | は | | ありますか？ |

「〜はありますか？」という表現は、**있어요?** 使って表します。**있어요**は「あります・います」という意味で、**?**をつけると「いますか？・ありますか？」という疑問形になります。名詞に続く助詞は**가**（**이**）を使い、名詞にパッチムがない場合は**가**、ある場合は**이**をつけます。

入れ替え単語 入れ替えて文を作ろう	チャリ **자리** 席	コピ **커피** コーヒー	チュス **주스** ジュース
	パン **방** 部屋	ピョ **표** 票／チケット	ヤク **약** 薬
	スゴン **수건** タオル	タムニョ **담요** 毛布	ヨルスェ **열쇠** 鍵

대박!
テバク！
すごい！

実際に書いてみよう！

観光

● コンビニはありますか？

ピョニジョミ　　　　イッソヨ

편의점이 있어요?

[コンビニ] [は] [ありますか？]

● メニューはありますか？

メニュパニ　　　　イッソヨ

메뉴판이 있어요?

[メニュー] [は] [ありますか？]

● 免税店はありますか？

ミョンセジョミ　　　イッソヨ

면세점이 있어요?

[免税店] [は] [ありますか？]

K-POP

● グッズはありますか？

グッジュガ　　　イッソヨ

굿즈가 있어요?

[グッズ] [は] [ありますか？]

● アルバムはありますか？

エルボミ　　　イッソヨ

앨범이 있어요?

[アルバム] [は] [ありますか？]

ドラマ

● 彼氏はいますか？

ナムジャチングガ　　　　イッソヨ

남자친구가 있어요?

[彼氏] [は] [いますか？]

● 明日、時間ありますか？

ネイル　　　シガニ　　　イッソヨ

내일 시간이 있어요?

[明日] [時間] [は] [ありますか？]

便利なフレーズを覚えよう④

〜はどこですか？

観光で使える場所を尋ねる表現を学びましょう。

基本のフレーズ

ソウル駅はどこですか？

ソウルリョギ　　　オディエヨ
서울역이 어디예요？

| 入れ替え単語 ソウル駅 | は | どこ | ですか？ |

疑問文は
語尾をしっかり
上げて発音
してみよう！

文法解説

〜はどこですか？

ガ　　イ　　　オディエヨ
□□□ 가(이) 어디예요？
パッチムあり

| 入れ替え単語 | は | どこ | ですか？ |

「〜はどこですか？」という表現は、**어디예요?** を使って表します。**어디예요?** は「どこ」という意味の**어디**と、P112で学んだ**예요?**「〜ですか？」を組み合わせた、場所を尋ねるフレーズです。名詞に続く助詞は**가（이）**を使い、名詞にパッチムがない場合は**가**、ある場合は**이**をつけます。

入れ替え単語 入れ替えて文を作ろう

イプック 입구 入り口	チュルグ 출구 出口	ケチャルグ 개찰구 改札
アンネソ 안내소 案内所	ッスレギトン 쓰레기통 ゴミ箱	ケサンデ 계산대 レジ
ピョンウォン 병원 病院	キョンチャルッソ 경찰서 警察署	イルボン テサグァン 일본 대사관 日本 大使館

よくできました！
잘했어요!
チャレッンヨ！

実際に書いてみよう！

観光

● トイレはどこですか？
フヮジャンシリ　　オディエヨ
화장실이 어디예요?

[トイレ] [は] [どこ] [ですか？]

● お店はどこですか？
カゲガ　　オディエヨ
가게가 어디예요?

[お店] [は] [どこ] [ですか？]

● 停留所はどこですか？
チョンニュジャンイ　　オディエヨ
정류장이 어디예요?

[停留所] [は] [どこ] [ですか？]

● 美術館はどこですか？
ミスルグヮニ　　オディエヨ
미술관이 어디예요?

[美術館] [は] [どこ] [ですか？]

● ここはどこですか？
ヨギガ　　オディエヨ
여기가 어디예요?

[ここ] [は] [どこ] [ですか？]

K-POP

● 公演会場はどこですか？
コンヨンジャンイ　　オディエヨ
공연장이 어디예요?

[公演会場] [は] [どこ] [ですか？]

● 席はどこですか？
チャリガ　　オディエヨ
자리가 어디예요?

[席] [は] [どこ] [ですか？]

Part 5　旅行やエンタメで**使えるフレーズ**を書いてみよう

便利なフレーズを覚えよう⑤

〜はいくらですか？

ショッピングで役立つ値段を尋ねる表現を学びましょう。

基本のフレーズ 料金はいくらですか？

ヨグムン　　　　オルマエヨ
요금은 얼마예요?

入れ替え単語 料金 ｜ は ｜ いくら ｜ ですか？

助詞の는(은)は
省略しても
意味が通じるよ！

文法解説

〜はいくらですか？

ヌン　　ウン　　　　オルマエヨ
□는(은) 얼마예요?

パッチムあり

入れ替え単語 ｜ は ｜ いくら ｜ ですか？

「〜はいくらですか？」という表現は、**얼마예요?** を使って表します。**얼마예요?** は「いくら」という意味の**얼마**と、P112で学んだ**예요?**「〜ですか？」を組み合わせた、値段を尋ねるフレーズです。名詞に続く助詞は는（은）を使い、名詞にパッチムがない場合は는、ある場合は은をつけます。

入れ替え単語 文を作ろう 入れ替えて	イゴッ 이것 これ	クゴッ 그것 それ	チョゴッ 저것 あれ
	イプッチャンックォン 입장권 入場券	ピヘンギピョ 비행기표 航空券	テクッシ カプ 택시 값 タクシー代
	カバン 가방 カバン	パンジ 반지 指輪	モジャ 모자 帽子

 ## 実際に書いてみよう！

観光

● キンパはいくらですか？

キムッパブン　　オルマエヨ

김밥은 얼마예요？

キンパ　は　いくら　ですか？

● ビビンバはいくらですか？

ビビムッパブン　　オルマエヨ

비빔밥은 얼마예요？

ビビンバ　は　いくら　ですか？

● 追加料金はいくらですか？

チュガヨグムン　　オルマエヨ

추가요금은 얼마예요？

追加料金　は　いくら　ですか？

● このスカートはいくらですか？

イ　チマヌン　　オルマエヨ

이 치마는 얼마예요？

この　スカート　は　いくら　ですか？

K-POP

● チケットはいくらですか？

ティケスン　　オルマエヨ

티켓은 얼마예요？

チケット　は　いくら　ですか？

● 2階席はいくらですか？

イチュンソグン　　オルマエヨ

이층석은 얼마예요？

2階席　は　いくら　ですか？

● うちわはいくらですか？

プチェヌン　　オルマエヨ

부채는 얼마예요？

うちわ　は　いくら　ですか？

Part 5-8 便利なフレーズを覚えよう⑥

〜が好きです

自分の好きなものやことを伝える表現を学びましょう。

基本のフレーズ

映画が好きです。

ヨンファルル　　　チョアヘヨ
영화를 좋아해요.

入れ替え単語 | **映画** | **が** | **好きです**

> 「〜が好きです」の
> 助詞は를（을）を
> 使うので注意しよう！

文法解説

〜が好きです。

　　　　　ルル　　ウル　　　　　チョアヘヨ
☐ **를（을）좋아해요.**
　　　　パッチムあり

| 入れ替え単語 | **が** | **好きです** |

「〜が好きです」という表現は、<ruby>좋아해요<rt>チョアヘヨ</rt></ruby>を使って表します。<ruby>좋아해요<rt>チョアヘヨ</rt></ruby>は「好きです」という意味で、日常でよく使われます。反対に「嫌いです」は<ruby>싫어해요<rt>シロヘヨ</rt></ruby>といいます。名詞に続く助詞は<ruby>를<rt>ルル</rt></ruby>（<ruby>을<rt>ウル</rt></ruby>）を使い、名詞にパッチムがない場合は<ruby>를<rt>ルル</rt></ruby>、ある場合は<ruby>을<rt>ウル</rt></ruby>をつけます。

入れ替え単語 入れ替えて文を作ろう	ポム **봄** 春	ヨルム **여름** 夏	カウル **가을** 秋
	キョウル **겨울** 冬	ヨリ **요리** 料理	ウンドン **운동** 運動
	ヨヘン **여행** 旅行	ハングン ニョリ **한국 요리** 韓国料理	イルボン ニョリ **일본 요리** 日本料理

 実際に書いてみよう！

観光

●サムギョプサルが好きです。

サムギョプサルル　　　　チョアヘヨ

삼겹살을 좋아해요.

[サムギョプサル] [が] [好きです]

●辛いものが好きです。

メウン　　　ゴスル　　　チョアヘヨ

매운 것을 좋아해요.

[辛い] [もの] [が] [好きです]

K-POP

●NCTが好きです。

エンシティルル　　　　チョアヘヨ

엔시티를 좋아해요.

[NCT] [が] [好きです]

●その歌詞が好きです。

ク　　カサルル　　　　チョアヘヨ

그 가사를 좋아해요.

[その] [歌詞] [が] [好きです]

●末っ子(メンバー)が好きです。

マンネルル　　　チョアヘヨ

막내를 좋아해요.

[末っ子] [が] [好きです]

ドラマ

●あなたが好きです。

タンシヌル　　　チョアヘヨ

당신을 좋아해요.

[あなた] [が] [好きです]

●駆け引きが嫌いです。

ミルタンウル　　　シロヘヨ

밀당을 싫어해요.

[駆け引き] [が] [嫌いです]

Part 5

旅行やエンタメで**使えるフレーズ**を書いてみよう

Part 5-9 便利なフレーズを覚えよう⑦

〜したいです

自分の意思や願望を伝える表現を学びましょう。

基本のフレーズ

勉強したいです。

コンブハゴ　　　　　シポヨ
공부하고 싶어요.

[入れ替え単語] 勉強し　　たいです

動詞の「原形」は
「行く」「食べる」
のように辞書に
載っている形だよ！

文法解説

〜したいです。

　　　　　ゴ　　　シポヨ
☐ 고 싶어요.

[入れ替え単語]　し　　たいです

「〜したいです」という表現は、動詞の語幹に**고 싶어요**をつけて表します。語幹とは、動詞の原形から**다**を取って残った部分です。例えば、**공부하다**「勉強する」の語幹は**공부하**、**가다**「行く」の語幹は**가**になります。入れ替え単語も、語尾の**다**を取って語幹をフレーズにあてはめてみましょう。

入れ替え単語 入れ替えて文を作ろう	モクッタ **먹다** 食べる	ノルダ **놀다** 遊ぶ	マラダ **말하다** 言う
	チャダ **자다** 寝る	サダ **사다** 買う	タダ **타다** 乗る
	シュィダ **쉬다** 休む	ポダ **보다** 見る	アルダ **알다** 知る

チョアヨ！
좋아요!
いいね！

 実際に書いてみよう！

観光

● タクシーに乗りたいです。

テクッシル ル　　　タゴ　　　シポヨ

택시를 타고 싶어요.

タクシー　に　乗り　たいです

● おみやげを買いたいです。

ソンムルル　　　サゴ　　　シポヨ

선물을 사고 싶어요.

おみやげ　を　買い　たいです

K-POP

● 歌を聴きたいです。

ノレルル　　　トゥッコ　　　シポヨ

노래를 듣고 싶어요.

歌　を　聴き　たいです

● サインをもらいたいです。

サインヌル　　　パッコ　　　シポヨ

사인을 받고 싶어요.

サイン　を　もらい　たいです

● 結婚したいです。

キョロナゴ　　　シポヨ

결혼하고 싶어요.

結婚し　たいです

ドラマ

● 会いたいです。

ポゴ　　　シポヨ

보고 싶어요.

会い　たいです

● そばにいたいです。

キョテ　　　イッコ　　　シポヨ

곁에 있고 싶어요.

そば　に　い　たいです

ハングル一覧表

基本子音		基本母音									
		ㅏ	ㅑ	ㅓ	ㅕ	ㅗ	ㅛ	ㅜ	ㅠ	ㅡ	ㅣ
基本子音	ㄱ	가 カ/ガ	갸 キャ/ギャ	거 コ/ゴ	겨 キョ/ギョ	고 コ/ゴ	교 キョ/ギョ	구 ク/グ	규 キュ/ギュ	그 ク/グ	기 キ/ギ
	ㄴ	나 ナ	냐 ニャ	너 ノ	녀 ニョ	노 ノ	뇨 ニョ	누 ヌ	뉴 ニュ	느 ヌ	니 ニ
	ㄷ	다 タ/ダ	댜 ティャ/ディャ	더 ト/ド	뎌 ティョ/ディョ	도 ト/ド	됴 ティョ/ディョ	두 トゥ/ドゥ	듀 ティュ/ディュ	드 トゥ/ドゥ	디 ティ/ディ
	ㄹ	라 ラ	랴 リャ	러 ロ	려 リョ	로 ロ	료 リョ	루 ル	류 リュ	르 ル	리 リ
	ㅁ	마 マ	먀 ミャ	머 モ	며 ミョ	모 モ	묘 ミョ	무 ム	뮤 ミュ	므 ム	미 ミ
	ㅂ	바 パ/バ	뱌 ピャ/ビャ	버 ポ/ボ	벼 ピョ/ビョ	보 ポ/ボ	뵤 ピョ/ビョ	부 プ/ブ	뷰 ピュ/ビュ	브 プ/ブ	비 ピ/ビ
	ㅅ	사 サ	샤 シャ	서 ソ	셔 ショ	소 ソ	쇼 ショ	수 ス	슈 シュ	스 ス	시 シ
	ㅇ	아 ア	야 ヤ	어 オ	여 ヨ	오 オ	요 ヨ	우 ウ	유 ユ	으 ウ	이 イ
	ㅈ	자 チャ/ジャ	쟈 チャ/ジャ	저 チョ/ジョ	져 チョ/ジョ	조 チョ/ジョ	죠 チョ/ジョ	주 チュ/ジュ	쥬 チュ/ジュ	즈 チュ/ジュ	지 チ/ジ
	ㅎ	하 ハ	햐 ヒャ	허 ホ	혀 ヒョ	호 ホ	효 ヒョ	후 フ	휴 ヒュ	흐 フ	히 ヒ
激音	ㅊ	차 チャ	챠 チャ	처 チョ	쳐 チョ	초 チョ	쵸 チョ	추 チュ	츄 チュ	츠 チュ	치 チ
	ㅋ	카 カ	캬 キャ	커 コ	켜 キョ	코 コ	쿄 キョ	쿠 ク	큐 キュ	크 ク	키 キ
	ㅌ	타 タ	탸 ティャ	터 ト	텨 ティョ	토 ト	툐 ティョ	투 トゥ	튜 ティュ	트 トゥ	티 ティ
	ㅍ	파 パ	퍄 ピャ	퍼 ポ	펴 ピョ	포 ポ	표 ピョ	푸 プ	퓨 ピュ	프 プ	피 ピ
濃音	ㄲ	까 ッカ	꺄 ッキャ	꺼 ッコ	껴 ッキョ	꼬 ッコ	꾜 ッキョ	꾸 ック	뀨 ッキュ	끄 ック	끼 ッキ
	ㄸ	따 ッタ	땨 ッティャ	떠 ット	뗘 ッティョ	또 ット	뚀 ッティョ	뚜 ットゥ	뜌 ッティュ	뜨 ットゥ	띠 ッティ
	ㅃ	빠 ッパ	뺘 ッピャ	뻐 ッポ	뼈 ッピョ	뽀 ッポ	뾰 ッピョ	뿌 ップ	쀼 ッピュ	쁘 ップ	삐 ッピ
	ㅆ	싸 ッサ	쌰 ッシャ	써 ッソ	쎠 ッショ	쏘 ッソ	쑈 ッショ	쑤 ッス	쓔 ッシュ	쓰 ッス	씨 ッシ
	ㅉ	짜 ッチャ	쨔 ッチャ	쩌 ッチョ	쪄 ッチョ	쪼 ッチョ	쬬 ッチョ	쭈 ッチュ	쮸 ッチュ	쯔 ッチュ	찌 ッチ

読みが2つ入るものは
左が語頭、右が語中・語尾の発音です。

複合母音

ㅐ	ㅒ	ㅔ	ㅖ	ㅘ	ㅙ	ㅚ	ㅝ	ㅞ	ㅟ	ㅢ
개 ケ/ゲ	걔 ケ/ゲ	게 ケ/ゲ	계 ケ/ゲ	과 クワ/グワ	괘 クェ/グェ	괴 クェ/グェ	궈 クォ/グォ	궤 クェ/グェ	귀 クィ/グィ	긔 キ/ギ
내 ネ	냬 ニェ	네 ネ	녜 ニェ	놔 ヌワ	놰 ヌェ	뇌 ヌェ	눠 ヌォ	눼 ヌェ	뉘 ヌィ	늬 ニ
대 テ/デ	댸 ティェ/ディェ	데 テ/デ	뎨 ティェ/ディェ	돠 トゥワ/ドゥワ	돼 トゥェ/ドゥェ	되 トゥェ/ドゥェ	둬 トゥォ/ドゥォ	뒈 トゥェ/ドゥェ	뒤 トゥイ/ドゥイ	듸 ティ/ディ
래 レ	럐 リェ	레 レ	례 レ	롸 ルワ	뢔 ルェ	뢰 ルェ	뤄 ルォ	뤠 ルェ	뤼 ルィ	릐 リ
매 メ	먜 メ	메 メ	몌 メ	뫄 ムワ	뫠 ムェ	뫼 ムェ	뭐 ムォ	뭬 ムェ	뮈 ムィ	믜 ミ
배 ペ/ベ	뱨 ピェ/ビェ	베 ペ/ベ	볘 ピェ/ビェ	봐 プワ/ブワ	봬 プェ/ブェ	뵈 プェ/ブェ	붜 プォ/ブォ	붸 プェ/ブェ	뷔 ピィ/ビィ	븨 ピ/ビ
새 セ	섀 シェ	세 セ	셰 シェ	솨 スワ	쇄 スェ	쇠 スェ	숴 スォ	쉐 スェ	쉬 シュィ	싀 シ
애 エ	얘 イェ	에 エ	예 イェ	와 ワ	왜 ウェ	외 ウェ	워 ウォ	웨 ウェ	위 ウィ	의 ウィ
재 チェ/ジェ	쟤 チェ/ジェ	제 チェ/ジェ	졔 チェ/ジェ	좌 チュワ/ジュワ	좨 チュェ/ジュェ	죄 チュェ/ジュェ	줘 チュォ/ジュォ	줴 チュェ/ジュェ	쥐 チュィ/ジュィ	즤 チ/ジ
해 ヘ	햬 ヘ	헤 ヘ	혜 ヘ	화 フワ	홰 フェ	회 フェ	훠 フォ	훼 フェ	휘 フィ	희 ヒ
채 チェ	챼 チェ	체 チェ	쳬 チェ	촤 チュワ	쵀 チュェ	최 チュェ	춰 チュォ	췌 チュェ	취 チュィ	츼 チ
캐 ケ	컈 ケ	케 ケ	켸 ケ	콰 クワ	쾌 クェ	쾨 クェ	쿼 クォ	퀘 クェ	퀴 クィ	킈 キ
태 テ	턔 ティェ	테 テ	톄 ティェ	톼 トゥワ	퇘 トゥェ	퇴 トゥェ	퉈 トゥォ	퉤 トゥェ	튀 トゥィ	틔 ティ
패 ペ	퍠 ペ	페 ペ	폐 ペ	퐈 プワ	퐤 プェ	푀 プェ	풔 プォ	풰 プェ	퓌 ピィ	픠 ピ
깨 ッケ	꺠 ッケ	께 ッケ	꼐 ッケ	꽈 ックワ	꽤 ックェ	꾀 ックェ	꿔 ックォ	꿰 ックェ	뀌 ックィ	끠 ッキ
때 ッテ	떄 ッティェ	떼 ッテ	뗴 ッティェ	똬 ットゥワ	뙈 ットゥェ	뙤 ットゥェ	뚸 ットゥォ	뛔 ットゥェ	뛰 ットゥィ	띄 ッティ
빼 ッペ	뺴 ッピェ	뻬 ッペ	뼤 ッピェ	빠 ップア	뽸 ッブェ	뾔 ッブェ	뿨 ッブォ	쀄 ッブェ	쀠 ッブィ	쁴 ッピ
쌔 ッセ	썌 ッシェ	쎄 ッセ	쎼 ッシェ	쏴 ッスワ	쐐 ッスェ	쐬 ッスェ	쒀 ッスォ	쒜 ッスェ	쒸 ッスュィ	씌 ッシ
째 ッチェ	쨰 ッチェ	쩨 ッチェ	쪠 ッチェ	쫘 ッチュワ	쫴 ッチュェ	쬐 ッチュェ	쭤 ッチュォ	쮀 ッチュェ	쮜 ッチュィ	찍 ッチ

127

監修

金孝珍（キム・ヒョジン）

韓国全羅南道出身。1996年来日。明治大学大学院文学研究科博士課程修了。明治大学、中央学院大学、中央大学非常勤講師。監修書に『ポケット版　実用日韓・韓日辞典』（成美堂出版）、『すぐに話せる！　韓国語会話』（ナツメ社）などがある。

編集制作	株式会社ゴーシュ（小野寺淑美、齋碧海、五島洪）
デザイン	岡田恵子
DTP	株式会社フォルマージュ・デザインスタジオ
イラスト	ミカ（미카）（Instagram　@color.full.mika）
録音	一般社団法人 英語教育協議会（ELEC）
ナレーション	水月優希、イム・チュヒ
企画・編集	朝日新聞出版 生活・文化編集部（白方美樹）

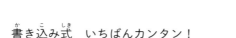

書き込み式　いちばんカンタン！

ひらがなで覚えるハングルノート

2021年10月30日　第1刷発行
2024年 5 月30日　第8刷発行

監　修　金孝珍

編　著　朝日新聞出版

発行者　片桐圭子

発行所　朝日新聞出版
　　　　〒104-8011　東京都中央区築地5-3-2
　　　　（お問い合わせ）infojitsuyo@asahi.com

印刷所　図書印刷株式会社